教师素养系列

著名语文教育家 于漪 总主编

U0652871

教师教学智慧的 **展现**

王 伟/著

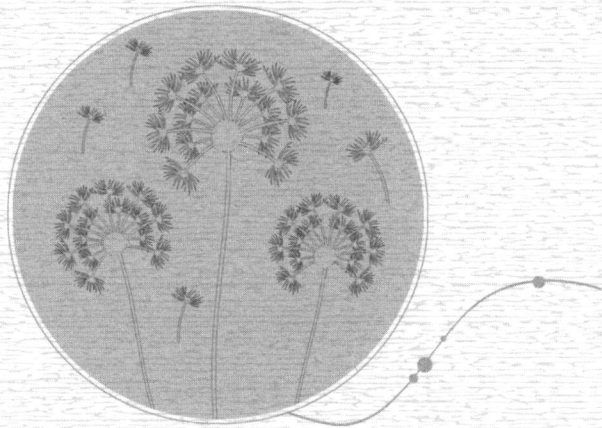

习于智长，优与心成

今天做教师最需要具备的基本素养

JIAOSHI JIAOXUE ZHIHUI DE ZHANXIAN

东北师范大学出版社

NORTHEAST NORMAL UNIVERSITY PRESS

·长 春·

图书在版编目（CIP）数据

教师教学智慧的展现/王伟著. —长春：东北师范大学出版社，2020.7
ISBN 978 - 7 - 5681 - 7042 - 0

Ⅰ.①教… Ⅱ.①王… Ⅲ.①课堂教学—教学研究 Ⅳ.①G424.21

中国版本图书馆 CIP 数据核字(2020)第 136461 号

□责任编辑:张晓方 □封面设计:方 圆
□责任校对:韩 啸 □责任印制:许 冰

东北师范大学出版社出版发行
长春净月经济开发区金宝街 118 号(邮政编码:130117)
电话:0431—84568105
传真:0431—85691969
网址:http://www.nenup.com
东北师范大学音像出版社制版
辽宁新华印务有限公司印装
沈阳市张士经济技术开发区中央大街六号路 14 甲-3 号
(邮政编码:110021)
2020 年 7 月第 1 版　2020 年 7 月第 2 次印刷
幅面尺寸:169 mm × 239 mm　印张:8.25　字数:116 千

定价:65.00 元
如发现印装质量问题，影响阅读，可直接与承印厂联系调换

序

　　教师从事的是塑造灵魂、塑造生命、塑造人的工作，其艰巨性与复杂性，难以用语言表述完备。

　　青少年是一个个鲜活的生命，他们的生命基因、家庭情况、情智水平、兴趣爱好、行为习惯等等，各不相同，各具个性，教师要进入他们的世界，了解、熟悉、摸清他们的内在需求，绝非一日之功。而且，他们天天在发展，天天在变化，有的平稳向前，有的起起伏伏，有的突然拐弯转向，不把心贴在他们身上，就不能洞悉他们的变化，当然也就谈不上因事而教，助推成长。当今，社会上的价值多元、文化多样，信息工具普及，学生生活在这样的时代大潮中，思想、行为、性格、爱好、追求等，无不打上时代的印记。教书育人工作中的新情况、新问题层出不穷，如何应对，如何破解难题，是每位教师都要面对的。因此，每位教师都须攻坚克难，用勤奋与智慧提升教育质量。为此，教师自己的成长，教师队伍的建设就成为教育的重中之重。

　　教师是培育学生成长、成人、成才的人，首先自己应该是一个堂堂正正、光明磊落、有社会担当的人，以自己高尚的人格、高雅的情操熏陶感染学生，引导他们形成完善的人格和健康的审美情趣，以扎实的科学文化学养激发他们旺盛的求知欲，引领他们打下科学文化基础，并有向科学宝库、文化宝库积极探索的强烈兴趣。故而，古今中外对教师几乎都有共同的要求，那就是：德才兼备。教师要做"谦谦君子""人之榜样"，要"腹有诗书气自华"，有厚实的学术文化功底。然而，在当今时代，还得有新的要求。《国家中长期教育改革和发展规划纲要（2010—2020年）》中关于教师队伍建设的要求是：建设一支师德高尚、业务精湛、结构合理、充满活力的高素质专业化的队伍。显然，"结构合理"是教育行政部门须考虑的，而"充满活力"却是教师须探索并加以落实的。这是时代的要求，在从事教育教学工作中须强化创新意识，发挥创新精神，锤炼实践能力，精神饱满，气宇轩昂，满怀自信去创建优质教育。

直面教育现场，教师加强研修、自觉成长自然就成为应有之义。人的成长是一辈子的事，学历水平不等于岗位水平，因为教育不是一个结果，而是生命展开的过程，永远面向未来。在当前社会急速变化的情势下，要想挑起立德育人的刚性责任，创造教育教学的精彩，教师就须自觉地与学生一起成长。

成长有众多因素，与同行交流是其中有效途径之一。现场倾听交流是一种方法，阅读同行的文字表达也是一种方法。东北师大出版社组织撰写的《教师素养系列丛书》就是针对教师素养的几个方面从理论与实践结合的高度进行探讨、交流的，以期心灵感应，取得更多共识。

祝愿教师同行通过阅读交流，有所启迪与借鉴，走向优秀、走向卓越的步伐更扎实，更敏捷。

于　漪

目　　录

第一章

闪耀教学智慧的几个镜头

JIAOSHI JIAOXUE ZHIHUI DE ZHANXIAN

镜头一 "老师，你的板书有问题！"
——公开课上学生突如其来的质疑

这是一位全国著名的语文特级教师，她日常教学的每一堂课都是公开课，每堂课上都坐满来自各地的语文教师。对一位教师而言，上一堂精心准备的公开课是相对容易的，但每一堂课都是公开课，却是如此难能可贵。她就是于漪老师。

这天，于老师执教的是契诃夫著名的短篇小说《变色龙》，课堂上坐着一百多位听课老师。于老师精心地设计了这堂课的板书，她运用波浪线来揭示小说情节的跌宕起伏，同时形象地表现奥楚蔑洛夫见风使舵、欺下媚上的本性。

课接近尾声了，当于老师在黑板上写下最后一笔时，整个板书不仅清晰地呈现了整堂课的教学过程、教学内容，而且将小说最精彩的核心内容呈现在大家的面前。听课的老师们轻声地发出了啧啧的赞叹声，学生们也一个个恍然大悟，脸上都露出了微笑。这时，意想不到的一幕发生了，一位学生突然站起来说："老师，我觉得你的板书有问题，有些地方画错了！"课堂上一下子安静了下来，只见于老师微笑着，不紧不慢地对那位女生说："请你到讲台前来，给大家具体讲讲。"女生落落大方地走上讲台，带着自信，还带着一丝兴奋，她指着板书说："当警官奥楚蔑洛夫已吃准了狗是将军哥哥家的狗时，他巴结拍马的心情应该更急切了。老师，你还用和前面一样长短的线条来表示，不能很好地表现他的心情，我觉得应该频率更快，距离更短，波峰更高。"一石激起千层浪，一名初中学生，在公开课上，在所有的同学更在一百多位听课老师面前提出了自己的质疑，说老师的板书出错了。下面的同学和老师一下子议论开了，从大家的表情来看，绝大多数是赞成这位女生的看法的。

于老师走近讲台，从粉笔盒中拿起一支红色的粉笔，对那位女生说："你说得真好，这堂课你学得很认真，现在就请你用红粉笔修正我白粉笔线条的错误。"女生接过粉笔，带着一丝兴奋和紧张，修改了老师的板书。这时，台下笑声和掌声响成一片。随后，于老师清了清嗓子，对着台下的学生们说："这堂课我在备课时，只考虑到主人公变的现象和不变的本质之间的关系，用两个线条表示，而忽略了现象本身也在变化。但今天有同学比我想得更全面，就这一点而言，你们是我的老师。"台下的掌声更热烈了，这时下课铃声也和着掌声响起。

每一堂课教师都有自己的预设，而课堂教学应该是动态变化的。教师的教学设计考虑得再全面，难免也会有所遗漏。好的课堂应该是教师的预设和学生的生成有机结合的。课堂教学不是照表上课，而是师生之间的有效互动，教师应该能够根据课堂教学的实际情况，特别是学生的实际反应来调整自己的教学。更精彩的课，应该同于老师这堂课一样，在预设时就充分考虑到学生，用教师自己的教学设计来激发学生的热情和思维。试想，如果没有于老师精心设计的板书，就不可能有课堂上这位女生的质疑。这位学生的质疑，其实还是由教师有效的教学设计而激发的。

有些教师总是害怕课堂上有学生提出问题，尤其是害怕自己无法应对。学生高质量的问题正是教师自己的教学有效的具体表现，无效的教学如何激发学生的思维，让学生提出质疑呢？若要能够应对学生突如其来的质疑，利用学生的质疑进一步展开和深化自己的教学，使自己的课堂教学升华到一种更高的境界，就需要教学智慧，它是建立在学识、思想、技巧之上的一种更高层次的教学境界。

镜头二 "十分钟是金"
——敏锐观察 随机应变

这是一个阴天的下午，最后一节语文课上，教室里突然停电了，此时离下课时间还有十分钟。

一阵骚动后，陈老师并没有继续先前的教学内容，"同学们，今天你们辛苦了，老师很感动，同时特别想知道在今天这样'暗无天日'的特殊环境下学习，你们有什么感想。每位同学能否用一句话来说说自己的感受？"看到学生们有点坐不住了，陈老师索性就借着窗外的天气及教室的环境，顺水推舟，设计了这么一个问题。

思考了两分钟后，学生们的发言开始了——

"黑暗中，眼睛失去了往日的神采，耳朵却大出风头。"

"光无法透过厚实的墙，更不会绕道而行。"

"在黑暗中学习，有一种返璞归真的感觉。"

"黑暗是暂时的，光明就在明天。"

"失去了才知道拥有的可贵。"

"从未像今天这样，我对爱迪生感到如此亲切。"

"白天懂了夜的黑。"

"我穿越时空隧道来到远古。"

"今天，我才真切体会到'望眼欲穿'的词意。"

……窗外仍是阴沉的天，教室里依然显得昏暗，却分明闪耀着一片思想之光，教师和学生们的内心，在这一刻，是明亮的。

教学无处不在，只要教师抓住契机，哪怕十分钟这样的一瞬间，都能激活学生思维的一江春水。十分钟是金，因为陈老师的随机应变，学生体会到对生活的真切体验是如此重要，只要细心地观察，深入地思考，生活中平凡的一瞬间都能带给我们哲理的启示。学习不仅是在课堂上，特别是语文学习，生活亦是我们的广阔课堂。

敏锐观察，抓住契机，激活思维，短短的十分钟，教师从灵感的突现到设计和组织教学，都是在一瞬间完成的，这就需要教师有非同一般的教学智慧。

镜头三 "念你们的名字"
——一堂与众不同的绪言课

今天的课是给高一新生上的第一堂语文课，照例还是绪言课，但王老师不想按部就班，他想把这第一堂语文课上得与众不同一些，想给同学们留下深刻的第一印象。

"各位同学，今天是我们高中的第一堂语文课，我们互相还不认识，我先做下自我介绍吧。我姓王，单名一个伟。"

还没等王老师继续往下说，下面就传来了笑声，最后一排中一位男生的笑声最响。

"那位同学，你说说你为什么笑啊。"王老师微笑着问那位男生。

"老师，你这个名字太普通，太大众化了，我都遇到过好几个起这个名字的人了，有男的，还有女的，没什么特色。"男生大声地说着，同学们也附和着。

"我的名字啊，的确，太普通了，不过我这个名字挺有时代特色的，我出生的那个年代啊，流行起单名，男生起名叫伟、军的，女生起名叫红的，太多了，而且我的姓又是个大姓，所以重复率太高了，据统计，和我差不多年龄，叫这个名字的，全中国有 28 万人之多呢。"

"哇，这么多啊！"教室里激起一阵惊呼，又一阵笑声。

"好，今天这堂课啊，老师先开了个头，下面请每位同学来各自说说你们的名字，你的名字里有什么故事，有什么来历，有什么特别的意义……最好能讲出自己名字的特色。今天，同学们是第一次见面，在一个新的集体里学习，希望通过你的介绍，其他同学一下子就能记住你。"

"老师，我先来"，刚才那位男生第一个站起身来，"我名叫文卿，我父母给我起这个名字，是希望我能有古代卿相一般的文才，满腹经纶，出人头地。"

"我叫远博，我爸说，起这个名是期望我能有深远的眼光，博大的胸怀。"另一位男生站起来说。

第一排的一位女生用柔柔的声音说："我叫佑安，顾名思义，我想父母希望保佑我一生平安吧。"

"同学们有没有发现我的名字笔画特别多啊，当中一个'熹'字就好多笔画呢，这是我们家乡的风俗，说女孩子起的名字笔画多，能够一生好福气。"

"我的名字是我爸和我妈的姓的组合，当中有一个'爱'字，爸妈说我是他们爱情的结晶。"

"我叫听雨，我生在一个下雨天的午后，父亲说，听到外面静静的雨声，干脆就给我起了这个名。"

"你这个名字挺文艺啊，据说余秋雨的名字也有这层意思。"王老师补充道。

"我的名字同学们都应该太熟悉了，我叫德馨，它来自大家学过的哪篇古文啊？""《陋室铭》，'斯是陋室，惟吾德馨'。""对哦，我的名字里还有典故呢。"这位女生在介绍自己名字的时候显得特别自豪。

……

"同学们的名字都很美，都很有意思，下面老师给大家念一段文字。"

我愿意再说一次，我爱你们的名字，名字是天下父母满怀热望的刻痕，在万千中国文字中，他们所找到的是一两个最美丽、最醇厚的字眼——世间每一个名字都是一篇简短质朴的祈祷！

"林逸文""唐高骏""周建圣""陈震寰"，你们的父母多么期望你们是一个出类拔萃的孩子。"黄自强""林敬德""蔡笃义"，多少伟大的企盼在你们身上。"张鸿仁""黄仁辉""高泽仁""陈宗仁""叶宏仁""洪仁政"，说明儒家传统对仁德的向往。"邵国宁""王为邦""李建忠""陈泽浩""江建中"，显然你们的父母曾把你们奉献给苦难的中国。"陈怡苍""蔡宗哲""王世尧""吴景农""陆恺"，含蕴着一个个古老圆融的理想。我常惊讶，为什么世人不能虔诚地细味另一个人的名字？为什么我们不懂得恭敬地省察自己的名字？

每一个名字，无论雅俗，都自有它的哲学和爱心。如果我们能用细腻的领悟力去叫别人的名字，我们便能学会更多的互敬互爱，这世界也可以因此而更美好。

"这是著名散文作家张晓风的《念你们的名字》中的两段，也是老师非常喜欢的，这些文字说出了老师内心想说的。我们祖国的文字是多么优美，你们的名字多不过三个字，却多么富有内涵。"

"文字可以用来传达我们内心的情感和思想，或直白，或含蓄。从今天起，我就是大家的语文老师，让我们一起来品味那些文字，来体味他人的所思、所想、所感，同时我们要学会用文字来表达自我，表达我们自身的思想和情感。文字可以让我们变得理性，理性地去思考，它也能让我们变得感性，透过文字去体会人生和生活最细微的感触。今天是我们三年文字之旅的开端，让我们一路行走，一路体验，希望同学们爱上语文，爱上我的语文课。"

这是一堂与众不同的绪言课，学生们的自我介绍结合了语文课的特色，不仅让他们感受到了文字之美，而且激发起他们学习语文课的兴趣。

有时只需要动一动脑筋，做一点小小的改变，就能收到意想不到的效果，这其中需要一点教学智慧。突破自我，打破常规，不重复自己以往的教学，教学上的创新有时并非我们想象的那么困难。

镜头四 "孩子们，我们一起来写篇作文吧！"
——一年级小朋友的写作课

在一所美国的小学，万圣节这一天，老师要给一年级 F2 班的孩子们上一节作文课。一年级的孩子也能写作文？带着疑惑，我走进了课堂。

老师先在黑板上贴出了两张图，一张是交通信号灯图，一张是思维导图中的气泡图。

图 1-1 交通信号灯图

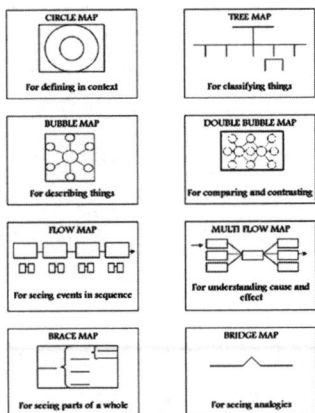

图 1-2 思维导图（左侧从上数第
二个为气泡图）

交通信号灯图形象而直观，它借助"红灯停，绿灯行，黄灯要减速"这
个浅显的道理，来告诉孩子们怎样完成一篇习作的构思。

交通信号灯

交通信号灯的颜色可以帮助我们组织和写作一段文字。

绿灯　起步！写下一句主题句。

黄灯　减速！给出一个理由、细节或事实。使用关联词或过渡句。

红灯　停止！用一个例子来具体解释。

绿灯　回来！提醒读者你的主题。

思维导图中的气泡图主要用来激发学生的发散性思维，如如何围绕一个
中心来描述事物。

F2 班教室里一派节日的气氛，老师今天布置的作文题就是"F2 班的万圣
节"。

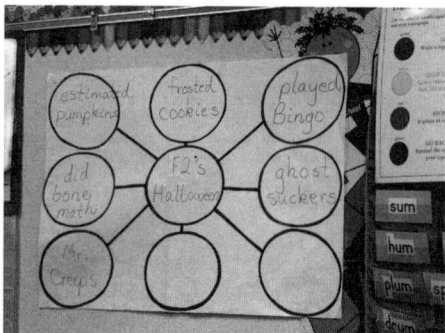

图 1-3 气泡图

教师开始贴出的是思维导图中的气泡图，启发孩子们围绕"F2 班的万圣节"这个主题想一想，万圣节这天大家都会做哪些事情。孩子们你一言我一语，不一会儿就把气泡图给填满了。这时，教师微笑着问："孩子们，刚才大家提到的这些事情，哪些只有万圣节这天大家才会去做呢？"坐在地毯上的一群六七岁的小孩子又忙开了，七嘴八舌地开始说："万圣节这天小孩子都可以带着幽灵包挨家挨户去讨糖吃，不给就捣乱。"一位金发男孩站起来说："还有，万圣节的恶魔先生很恐怖，但我大胆地去触碰了他的身体。"（万圣节是西方的鬼节，人们在这个节日会布置很多恶魔鬼怪的雕塑模型）一位黑人小男孩大声而自豪地回答："我们全班还玩了宾果游戏（一种填字游戏，可以帮助年幼的孩子提高阅读和识字技巧），赢了很酷的奖品。"有几个孩子仿佛受到了启发，异口同声地回应。

图 1-4 "交通信号灯"写作图示

接着教师贴出了"交通信号灯"写作的图示，由教师执笔，学生填空。在开头结尾的"绿灯"处，先填上"F2班的万圣节"的两个主题句。"黄灯"处分别填上："幽灵包""恶魔先生""宾果游戏"。而"红灯"处分别填上："不给糖就捣乱""检查恶魔雕塑的身体""赢得奖品"。然后教师对孩子们说："写文章要把词和词组变成句子，大家能不能再说得完整一些呢？"随后又再次贴出一张"交通信号灯"写作的图示，"孩子们，我们把刚才那张表上的词和词组变成更完整的句子吧。"

40分钟后，"奇迹"发生了，全班同学在教师的引导和启发下，由教师执笔，当堂完成了下面这篇作文：

让我告诉你三件关于万圣节的事情吧。

我们F2班制作了幽灵包，它可以让我们挨家挨户去讨糖，不给就捣蛋。

恶魔先生真是可怕，但我们去检查了他的身体。

F2班的宾果游戏玩得很开心，我们赢了很酷的奖品。

总的说来，我告诉了你三件关于万圣节的事情。

抓住孩子们的心理，在游戏中教会学生如何确立主题、选材、成文，没利用抽象的道理，只利用形象的图画，教师一步步地把写作的整个思维过程展现给了学生，学生也在游戏中学会了写作，整堂课轻松有趣而富有效率。

这是一堂有趣而充满智慧的写作课。

镜头五 孩子们，你们"看"到了吗？
——一盘用"心"看的录像带

山西有一位优秀的语文教师，下乡支教的时候给学生上了《难忘的泼水节》这一课。当讲到周总理穿着傣族服装、敲着象脚鼓出现，全场欢乐的场面时，教师拿出了一盘录像带，说："这个场面真是美极了，为了让大家更加了解当时的实际情况，老师带了一盘录像带，你们想不想看？""想看！"孩子们兴奋不已。教师又说:"这是一盘独特的录像带,不用眼睛看,只能用心看。你们闭上眼睛,谁用心谁就能看到。"孩子们闭起了眼睛,教师充满激情地朗诵着:"周总理穿上了傣族的服装……"把孩子们带到了美妙的情景中。

在教师朗诵的过程中,每一位学生都在想象,都在内心构建属于自己的那个泼水节的场面。朗诵完之后,教师问:"同学们看到了吗?""看到了,看到了。"教师又让学生一个一个起来或者互相之间说一下自己心里看到的泼水节是什么样子的。当时课堂气氛非常活跃,因为教师留给学生大量可以想象和再创造的空间,也留给学生充分表达自己的空间。

后来大家才知道,过去这位教师不是这样上课的,她每节课都放了录像带,但是下乡支教之后她发现这所学校唯一的一台录像机坏了,情急之中没有办法,才临时采取了这么一个措施。但是这位教师说,这次课是她上得最好的一次。为什么是最好的一次?她给了学生空间,学生还给她一个奇迹。[1]

情急之中,这位教师运用自己的智慧上出了自己最好的一次课。如果录像机没有坏,孩子们完整地把录像看完,那么录像中的镜头语言固然是形象的、直观的,但也只是将课本上的文字化成了具体的画面。这具体的画面限制了孩子的想象空间,而孩子是充满想象力的。这位教师充分利用了课文中精彩的场面描写,加之自己充满激情的朗诵,将孩子们心中的想象唤醒了。所谓急中生智,教师的教学智慧常常在一些课堂突发事件中被立刻激活了。

---

[1] 李希贵. 梦想不是用来实现的,而是为了让今天的事情变得有意义 [J]. 当代教育家,2015 (9).

第二章

教学智慧的理论阐述

一、教学智慧的内涵

（一）智慧是什么

教学智慧是教师的智慧在教学过程中的具体体现。"智慧"虽然是日常生活中的一个常用词汇，但是何为智慧，古往今来，人们对这个词却有着各种不同的解释和定义。

1. 西方学者对智慧的解释和定义

作为西方文明发源地的古希腊的哲学家对"智慧"这一概念的解释和定义也是各不相同的。赫拉克利特认为，智慧只在于一件事，就是认识那善于驾驭一切的思想。亚里士多德认为，智慧就是有关某些原理与原因的知识。

英国近代哲学家洛克说："我对于智慧的解释和一般流行的解释是一样的，它使得一个人能干并且有远见，能很好地处理他的事务，并对事务专心致志。"[1]

英国现代哲学家、教育家罗素认为，智慧主要是指人的求知好奇心和求知的能力。[2]

英国近现代哲学家、数学家怀特海说："教育的全部目的就是使人具有活跃的智慧。""智慧是掌握知识的方式。它涉及知识的处理，确定有关问题时知识的选择，以及运用知识使我们的直觉经验更有价值。这种对知识的掌握便是智慧，是可以获得的最本质的自由。"[3]他以智慧统率知识，强调"把教育从死的知识和无活力的概念中解放出来"，让学生"在知识面前获得自由"。

---

[1] 洛克.教育漫话 [M].北京：教育科学出版社，1999：117.

[2] 伯特兰·罗素.教育与美好生活 [M].杨汉麟，译.石家庄：河北人民出版社，1999：39—40.

[3] 怀特海.教育的目的 [M].徐汝舟，译.北京：生活·读书·新知三联书店，2002：54.

美国哲学家、教育家杜威认为，智慧与知识不同，智慧是应用已知的去明智地指导人生事务之能力。[1]

2. 现当代中国学者对智慧的解释和定义

中国当代哲学家冯契先生明确认为，"智慧就是合乎人性自由发展的真理性的认识"[2]，"智慧是对宇宙人生的某种洞见，它和人性自由发展有着内在的联系"[3]。

中国当代著名美学家李泽厚认为，"智慧不是指某种思维能力、知性模式，而是包括它们在内的整体心理结构或精神力量，其中包括伦理学和美学的方面，例如道德自觉、人生态度、直观才能等。"[4]

王鉴教授在《教学智慧：内涵、特点与类型》一文中认为，"智慧是人在活动过程中，在与人的交往过程中所表现出来的应对社会、自然和人生的一种综合能力系统。"

田惠生认为，"智慧是个体生命活力的特征，是个体在一定的社会文化心理背景下，在知识、经验习得的基础上，在知性、理性、情感、实践等多个层面上生发，在教育过程和人生历练中形成的应对社会、自然和人生的一种综合能力系统。它不只是一般意义上的聪明，甚至也不是心理学概念中的智商，它是每个个体安身立命、直面生活的一种品质、状态和境界"。[5]

3. 智慧在现今各类辞典中的解释

《辞海》中对智慧有三种解释：① 对事物能认识、辨析、判断处理和发明创造的能力；② 才智，智谋；③ 梵语"般若"。

[1] 约翰·杜威. 人的问题 [M]. 傅统先，邱椿，译. 上海：上海人民出版社，1965：4.

[2] 冯契. 人的自由和真善美 [M]. 上海：华东师范大学出版社，1996：161.

[3] 冯契. 智慧的探索 [M]. 上海：华东师范大学出版社，1994：332.

[4] 李泽厚. 中国思想史论：上册 [M]. 合肥：安徽文艺出版社，1998：301.

[5] 田惠生. 时代呼唤教育智慧及智慧型教师 [J]. 教育研究，2005 (2).

《现代汉语词典》中对智慧的解释：辨析判断、发明创造的能力。

《牛津英语词典》中对智慧的解释：正确判断与生活和行为有关的问题的能力；选择手段和目的的合理性；有时，从非严格的意义上来讲，尤其是指处理实际事务的某种意识。

综上所述，对智慧的解释和定义，由低到高基本可以分为三个层次：① 智慧是一种知识；② 智慧是一种辨析、判断、处理问题的能力和素养；③ 智慧是一种人生的境界。

正确理解智慧这一概念的内涵，需要有以下认识：智慧并不是一种固定的知识，也不是单纯指向人的聪明才智，从个体实践的角度而言，是指个人在实践过程中，迅速、灵活、正确地理解和解决问题并有所创新的能力，是个人的知识、经验、德行在实践过程中的表现，是个人在实践过程中表现的一种综合能力素养；从个体生命的角度而言，智慧是一种个人应该永恒追求的人生境界。

（二）教育智慧与教学智慧

1. 教育与教学的关系

教育是人类的一种社会活动，《教育大辞典》中对教育所下的定义是："传递社会生活经验并培养人的社会活动"。广义的教育，泛指影响人的知识、技能、身心健康、思想品质的形成和发展的各种活动。

相对于教育，教学是个相对的概念，教学是教育的组成部分，是教育的手段和方式，教育目通过教学来实现。《教育大辞典》中对教学所下的定义是："以课程内容为中介的师生双方教和学的共同活动。学校实现教育目的的基本途径。由相互依存的教和学两方面构成。"

从狭义的角度来说，教育往往特指对学生进行思想品德的教化和培育，而教学往往特指教师对学生进行知识、技能的传授和培养。叶澜教授说过：

"教师的教育智慧集中表现在教育、教学实践中：具有敏锐感受、准确判断生成和变动过程中可能出现的新情势和新问题的能力；具有把握教育时机、转化教育矛盾和冲突的机智；具有根据对象实际和面临的情境及时做出决策和选择、调节教育行为的魄力；具有使学生积极投入学校生活，热爱学习和创造，愿意与他人进行心灵对话的魅力。"[1] 这段话中所说的"教育智慧"中的"教育"是广义的教育，而"教育、教学实践"中的"教育"与"教学"相对而言是狭义的。

2. 教学智慧的内涵与理解

智慧在教育和教学中的体现，就是教育智慧和教学智慧。

从广义的角度来说，教学是实现教育的手段和方式，教育智慧的实现是不能离开具体的教学实践活动的，离开具体的教学实践活动，教育智慧则无从体现。因此，教学智慧是实现教育智慧的主要途径。从狭义的角度而言，教育智慧特指教师在对学生进行思想品德的教化和培育的过程中表现的智慧，而教学智慧特指教师对学生进行知识、技能的传授和培养过程中表现的智慧。当然，教学中也一定会渗透对学生思想品德的教育，因此这两个方面虽然侧重点各有不同，但是绝不可能完全割裂。全面而科学地理解教学智慧的内涵，要注意避免以下误区：

第一，仅将教学智慧视为一种处理课堂教学中突发事件的能力，教学智慧仅仅体现在课堂教学中。如《教育大辞典》中将教学智慧定义为："教师面临复杂教学情境时所表现的一种敏感、迅速、准确的判断能力。在处理事前难以预料、必须特殊对待的问题时，以及对待一时处于激情状态的学生时，教师所表现的能力。"也有学者认为："教学智慧就是处理教学事务时表现出的灵活和机敏，以及应对突发的教学事故时表现的应变能力；教学智慧指向

---

[1] 叶澜. 教师角色与教师发展新探 [M]. 北京：教育科学出版社，2001：26.

我们的教育教学实践能力，思索的是现实的教学问题。"[1]

教学智慧应该是贯穿整个教学过程的，包括教师的课前备课、课堂教学、课后的评价与教师的反思等，教学智慧并不仅仅体现在课堂教学过程中。

第二，认为教学智慧就是教师的智慧。虽然对教学有多种不同的定义，但是都认为教学是教师教，学生学的统一活动；在这个活动中，学生掌握一定的知识和技能，同时，身心得到一定的发展，形成一定的思想品德。这是不同层次的教学应具有的共同本质。因此，教学智慧应该体现在教师和学生两个方面，有学者认为："教学智慧的内涵包括教师教的智慧和学生学的智慧，教学智慧的价值取向在于教师与学生生命主体的共同发展。""教学是教师教、学生学的双边活动。在教学活动中，教师充分展示了教学智慧，积极有效地引导了学生生动活泼地成长，体验到了教学的成功感与幸福感，进而会更加投入教学活动中；同样，学生在教学活动中通过积极参与、主动学习，体验到知识、能力增长的乐趣与成长的幸福时，他们也会生成学习的智慧，从而使教学活动更加有效。"[2] 从师生双方来理解教学智慧的内涵，应该说是全面的、科学的，也是符合当今教学改革的理念的。

对智慧的内涵的理解有三个层次，对教学智慧的内涵的定义也有相应的不同层次的表述，主要有两个层次，即：教学智慧是教师的一种综合能力素养，教学智慧是教师应该追求的一种教学境界。从教学实践的角度来说，教学智慧是一种能力素养，而从教师个人发展的角度来说，尤其是要成为一位智慧型的教师，那么教学智慧就是一位教师在整个教学生涯中应追求的一种境界了。

本书主要从狭义的角度，从实践活动的层面讨论教学智慧，尤指在教学活动的过程中教师表现的智慧。教学智慧是教师的专业学养、文化修养、理

---

[1] 陈国莹. 教育哲学、教学智慧与教师成长之辨析 [J]. 高等函授学报（哲学社会科学版），2009（12）.

[2] 杜萍，王兆坤. 试论教学智慧及其生成条件 [J]. 课程·教材·教法，2009（2）.

论素养、教学经验、教学能力、人格特质等在教学过程中的综合表现。教学智慧是动态发展的，贯穿于教师成长的每一个阶段，每一个阶段的教师都拥有各自阶段的教学智慧，教学智慧是一个从量变到质变，再从量变到质变的动态变化的过程。教师的教学智慧在很大程度上取决于个人在教学过程中的积累、反思与追求。

（三）教学智慧与教学技巧、教学艺术的关系

教学是一门科学，也是一门艺术。

教学是科学，因此教学要遵循科学的规律和方法，而且教学有其必须遵循的客观的规律与方法。教学方法就是教学过程中教师与学生为实现教学目的和教学任务要求，在教学活动中采取的行为方式的总称，应该具有一定的科学性和规律性。而教师在教学理论基础上因多次练习而形成的巧妙或熟练运用教学方法的能力就是教学技巧。教学技巧是可以通过不断的练习形成和稳固的。

教学又是艺术。教学应该具有一定的审美价值，教学不只是运用某种高超的教学技巧，创新某种教学设计，而是一种高度综合的艺术。教学活动是师生双方情感交流、心灵碰撞的过程，因此教学应该在遵循科学的规律和方法的基础上，充分发挥教师的智慧、情感等，使教学过程中的各个环节具有审美价值，以使学生能够得到审美的享受。教学要追求科学之真，又要追求艺术之美。

教学智慧应该是教学技巧与教学艺术之间的桥梁。叶澜教授说过："教师的教育智慧使他的工作进入科学和艺术结合的境界，充分展现个性的独特风格。教育对于他而言，不仅是一种工作，也是一种享受。"[1] 教学智慧能使教师在把握教学规律、科学运用教学方法的基础上，以自身的知识、经验、情感、德行进行个性化的教学，感染和启发学生，不仅传授知识，培养技能，提高教学效果，而且能在积极和谐的氛围中，使学生得到审美的愉悦。

---

[1] 叶澜. 教师角色与教师发展新探 [M]. 北京：教育科学出版社，2001：26.

二、教学智慧的特点

（一）教学智慧的个体性

库姆斯（Combs）在 20 世纪 60 年代出版的《教师的专业教育》一书就提出，一位好的教师首先是一个人，是一个有独特人格的人，是一个知道运用"自我"作为有效的工具进行教学的人。于漪老师说：教师人格就是思想、道德、行为、举止、气质、风度、知识和能力等众多因素的综合。

教学是教师个性化的活动，教学智慧是教师在教学实践活动中表现的综合的能力素养，每位教师都具有独特的人格，表现的教学智慧也是各不相同的，因此教学智慧具有鲜明的个体性。

有的教师感性，或感情细腻，或激情四溢，在教学中善于用自身的情感熏陶感染学生，激发学生的共鸣；有的教师理性，思维逻辑严密，讲课条理清晰，层层深入，环环相扣，在教学中以自己严谨的思维来影响学生；有的教师机智幽默，课堂气氛活跃，相对枯燥的内容也能讲得有声有色，以自己的风趣幽默来吸引学生的注意力。每位教师的个性特质不同，人格气质不同，这些都影响着教师具体的教学活动。

即使对同一教学内容，由于教师个人的专业素养、教学能力各不相同，每位教师处理问题的方式、方法和手段可能是不尽相同的，表现的教学智慧层次、水平、内容也是不同的。也正因为如此，尽管是任教同一学科，也会涌现教学风格截然不同的名师，他们表现的教学智慧各不相同，由此形成各不相同的教学风格，流派纷呈，百花齐放。

（二）教学智慧的实践性

教学智慧的形成和表现是离不开具体的教学实践活动的。教学实践是教学智慧生成的环境与载体，离开教学实践就无所谓教学智慧。教学智慧产生于课堂教学实践中，又在教学实践过程中不断地积累、反思、提升，产生更高层次的教学智慧，是一个在教学实践中螺旋式上升的过程。"实践性是教学智慧的基本属性。"教学智慧是教师的专业学养、文化修养、理论素养、教学经验、教学能力、人格特质等诸方面在教学实践中的具体表现，它是教师在知识、经验习得的基础上，在知性、理性、情感等因素共同作用下生发的，是教师实践知识、经验的意义建构。也就是说，它来源于教师对具体的教学情境和教学事件的关注和反思，建立在教师教学实践知识与经验的基础上，是教师实践知识与经验的提升及能力内化。因此，实践性是教学智慧的本质特征。

（三）教学智慧的过程性

教师在教学实践中的成长是一个漫长的过程，在这一过程中的每一个阶段都会表现不同的教学智慧，水平层次由低到高，贯穿于教师成长过程中的每一个阶段，是一个从量变到质变，再从量变到质变的动态变化过程。过程中的每一个阶段是必须经历、无法逾越的。许多青年教师可以去欣赏模仿富有教学经验的老教师的某些课堂教学智慧，但仅仅停留在模仿复制的阶段是不够的，要具备同样水平层次的教学智慧，必定要亲身经历一定的教学实践，积累一定的经验，到了某一个阶段自然会水到渠成、茅塞顿开，想要超越过某一个阶段而拥有高一层次水平的教学智慧是不现实的，没有一定的教学实践的积累，是不可能产生高水平的教学智慧的。教学智慧的实践性决定了教学智慧形成和发展的过程性。

（四）教学智慧的随机性

教学智慧在某种情况下是教师在教学过程中的灵感闪现，具有一定的随机性。教师在与学生的互动中，或者在讲授过程中，受到内在与外在因素的影响而灵感突发。内在的因素包括教师日常的积累和素养及即时的情绪，外在因素包括学生的课堂表现及课堂气氛等。当这两种因素互相结合、互相刺激，达到高潮时，往往会碰撞出智慧的火花。许多精彩的教学片段其实都不是事先预设的，而是在课堂教学过程中突然闪现的，有经验、有智慧的教师懂得积累和反思，能够在事后将某种即时的、无意识的灵感化为日后的有意识的教学行动，这也是名师和一般教师的区别所在。

（五）教学智慧的创新性

教学智慧的创新性有其特殊之处，这种创新更多地表现为一种独特性。教学是一项个性化的实践活动，个性化就决定了教学也是一项创新性的活动，这种创新的本质就是独一无二。教学智慧是教师个人解决教学中出现的各种复杂问题的综合能力素养，体现了教学个性化的特点。每位教师都具备一定的个性化教学特点，这种教学特点是别人很难模仿和复制的，因为它是建立在教师个人特质基础上的，体现了教师独一无二的魅力。每位教师都可以根据自身的性格特点、思维方式、行为方式创造出属于自身的教学智慧。其次，课堂教学过程是一个非常复杂、充满变化的过程，教师即使在教授同一内容时也会碰到不同的问题，因为面对的学生是不同的，情境是不同的，面对不同的学生、不同的情境，解决问题时运用的教学智慧也是各不相同的，需要教师根据实际情况灵活处理、解决问题。这种独特的解决教学过程中出现的各种情况和问题的能力，从某种意义上说就是一种创新。

（六）教学智慧的缄默性

所谓缄默性，是指教学智慧在某种程度上"只可意会，不可言传"。教师长期积累的教学经验和学科教学知识，通过教学实践和自我反思，会升华为一种存在于教师头脑中的潜意识。在遇到具体的教学问题时，这种潜意识能够帮助教师及时做出调整和应对，潜移默化地影响教学活动。而且，教学智慧具有个体性、独特性，是个人进行学科教学的经验的积累，它是存在于教师头脑中的，有时很难用言语来传递和交流，因此他人也很难模仿和学习。

三、教学智慧的层次

（一）第一层次——把握常规，达成目标

教学常规是教学规律的体现，是对教学过程的最基本要求，目的是为了优化教学过程，提高教学质量，达成教学目标。在课堂教学的长期实践中，不断有人探索和总结出各种教学规律，教学常规就是在一定教育思想和理论的指导下建立起来的教学的基本规律和规范。作为教师，尤其是职初教师，首先应该把握教学常规。教学虽然是个性化的，但是具有科学性，这种科学性在某种程度上体现在教学自身有一定的规律和方法，具有一定的共性。教学常规是在大量的经验总结基础之上提炼甚至创造出来的，并且具有一定的普适性。教学常规是必须遵循的，教师要以教学常规来规范自己的教学，同时可以根据个人的知识基础、教学经验、教学水平、个性特点来应用这些规律和方法，规范教学行为，把握教学过程，保证课堂教学效果和教学质量。

教学常规对教师的课前备课，制订教学计划，教学实施的关键环节——上课，以及课后的教学反馈和评价都有一系列的常规要求。例如：备课时要有明确的教学目的，要处理教材内容及结构，确定教学的重点、难点，关注学生等；上课的过程中，思考选择何种教学方法，如何合理处理课堂预设与生成的关系；课后要及时反馈，了解学生的学习效果，以及自身在教学中存在的问题。这些教学常规要求的达成和落实也并不是一件轻松容易的事，需要教师具有一定的教学智慧。所以，第一层次的也是最基本的教学智慧，就是教师结合自身的能力和特点，将抽象的教学常规落实到具体的教学实践中，从而达成教学目标。

（二）第二层次——机智应对，有效引导

在教学实践的各个环节中，课堂教学是最充满变化、充满挑战，也是最

能体现教师教学智慧、充满教学魅力的环节。教学本身就是一个互动的过程，再好的教学设计也要通过具体的课堂教学来实施和落实，教学既然是互动的过程，就不是教师的"满堂灌"，不是教师将事先设计好的教案照本宣科，还要看学生听课的反应和接受程度，学生在听课的过程中也会有理解上的偏差、疑惑，甚至是质疑。教师在整个课堂教学的过程中随时要面对各种各样的变化和突发事件，在日常教学中，教师对上公开课多少都有一点紧张和害怕，根本原因就在于教师自身都会意识到教学过程中肯定会有变化和意外，而即使课前的备课再仔细、再完备，这些变化和意外也是非常难以预测的，需要教师机智应对；其次，教师的预设和学生的生成之间肯定是有一定的距离的，学生不可能完全根据教师的预设来完成自身的学习，他们不一定能完全理解教师的教学意图，甚至可能走向相反的方向，这同样需要教师有效的引导。

教学智慧的一个重要表现方式就是教学机智，有人将教学智慧误解为教学机智，认为教学智慧就是处理课堂内突发事件的能力，原因就在于此。教学中的意外情况和突发事件是不可避免的，能够自如应对则是教师的教学智慧走向成熟的标志之一。比如下面这一案例：

语文实习老师蒋老师刚走上讲台，这是她上的第二周初一年级的语文课，这堂课的内容是王维的诗歌《鸟鸣涧》。蒋老师教态大方，整堂课的讲解都很流畅，顺利地进入课堂总结阶段。此时突然有名男生举手提问："老师，我觉得这首诗有问题。'人闲桂花落，夜静春山空'，老师，春天怎么可能有桂花呢？我们说'八月桂花香'啊，春天不可能有桂花啊。"面对这个问题，蒋老师显然是没有任何准备的，她略微犹豫了一下后，笑着说："同学，你这个问题提得真好，连老师都没有想到过，能不能让老师课后查一下资料，下节课再回答你呢？"

面对这一课堂中的意外，初上讲台的蒋老师显然是没有准备的，她的应对，首先肯定了学生的提问，没有打击学生的积极性，其次为解决这个问题留下了空间，但是整个课堂气氛因此还是产生了变化，略微显得尴尬。在学生尤其是低年级学生的眼中，教师应该是无所不知的，学生会因此产生疑问，如"怎么也有教师回答不出的问题呢"，对教师的信任程度会产生一定的负面影响。

针对同样的问题，我们来看有经验、有智慧的教师是怎样机智应对的。任教初中语文 20 多年的陈老师碰到了同样的场景，他是这样应对的：

"同学，你这个问题提得非常好，老师在备课的时候也有这样的疑惑，春天怎么可能有桂花呢？同学们，我们一起来讨论一下这个好问题好不好？大家都来说说自己的看法。"

"老师，我听说有种桂花是在春天开的，叫春桂花。"

"老师，我觉得，诗歌是文学作品，我们不应该拿现实生活中太实际的东西去比较思考吧，那样的话，诗歌就失去诗意了。"

······

"同学们都发表了自己不同的意见，我们这堂课的时间有限，今天我们回家后的作业就是谈谈你对'人闲桂花落，夜静春山空'这句诗歌的理解。同学们可以查找资料，也可以发表自己的看法，下一节课我们继续来讨论这个问题。在这里，我要再次感谢某同学为我们提出了这样一个好问题。"

陈老师的应对，可以说是相当得体的，同时又是机智的。他将学生这一突然提出来的问题迅速转化成了一个自己的教学环节。有时对于学生提出的突发问题，教师不能一个人来应对，要充分调动学生的积极性，发挥学生的主观能动性，有些问题教师不可能在备课时完全考虑到，让学生去讨论这些问题的时候，教师一方面赢得了自己思考的时间和空间，另一方面可以在倾听学生的见解时获得灵感和启发，同时给了学生一次充分讨论的机会，培养了学生的思维能力。再进一步，有经验和智慧的教师，会在课后主动记录下课堂教学中那些有价值的意外情况，以后再上到同一内容时，教师就会主动将这些有价值的东西运用到自己的教学设计中。其实，教学的经验与智慧在很多时候就是这样不断地积累起来的。

有效引导也是教师教学智慧的重要表现。

首先，有效引导表现在如何引导学生理解教师提出的问题，理解教师的教学意图；学生的思考有时是开放的，无序的，如何将这种无序化为有序，既能充分调动学生的积极思考，又能让学生的这些思考有价值，而不是天马行空，从而达成自己的教学目标，这些都需要教师的教学智慧。

其次，有效引导表现为教师在课堂教学过程中，能及时准确地判断学生的思维偏差、疑惑和症结，并采取相应的手段和方法，及时化解。

为什么课堂教学中对学生的有效引导是更高一层次的教学智慧的表现呢？原因有二：

其一，要做到有效引导，前提是倾听，教师只有首先学会"听"，才能有所"导"。"听"是需要一些智慧的，教师首先要学会"听"，有些教师在这方面能力尤其欠缺，即使在课堂上提出问题，往往也是走过场，甚至于根本不听学生的回答，即使听了，也不能做出适时的点评和分析，很匆忙地就进入下一个环节，学生的回答正确与否，里面有哪些有价值的东西可以深入挖掘，这些都被忽略了，他们认为上课的目的就是按照自己先前设计好的程式，能够顺利完成就可以。这一方面和教师本身的教学理念有关，更重要的是和教师本身的能力素养有关，有些教师即使意识到要"听"，也不能听出个所以然。因此，要智慧地"听"，就是要能够及时地从学生的回答中听出问题来，听出有价值的东西来。比如，有时多名学生的回答都没能达到教师提问的意图，而且他们的回答和思维方式都指向同一个方向，教师就要适时地反思自己刚才提出的问题，如问题的指向性是否够明确，范围是否确定，这个提问本身在表述上有什么问题，然后及时调准自己的问题；再如，教师要能够及时地从学生的回答中发现规律性的问题，有时学生对一个问题的回答会出现同样的错误，教师要能够在瞬息之间判断出这些问题产生的原因，然后及时做出教学上的调整。

其二，要有效引导而不是强行引导。有些教师的教学设计非常完整而且质量很高，一个问题接着一个问题，环环相扣，逻辑严密，但是这种教学设计的负面效应是：教师在课堂教学实践中的目的就是落实自己的教学设计，不敢越雷池一步，对于学生的问题，他们也有所引导，但他们的引导是将学生硬生生地引导到自己的下一个问题、下一个教学环节上，这表面上是在引导，实际上根本没有尊重学生的发言和思考，一个个设计精美的问题和环节，仿佛是一个个圈套，限制了学生的思维空间和自我发挥的余地。能够将自己的预设和学生的生成有机地结合起来，并且适时地调整自己的教学，需要教师具有一定时间教学经验的积累，更需要教师具有一定水平层次的教学智慧。

（三）第三层次——融通共生，高效和谐

融通共生，就是教学的双方——教师和学生，在课堂教学的过程中，通过有效的互动和交流，教学相长，智慧共生。

教师和学生在教学过程中的平等是一种相对意义上的平等，教师在课堂教学的互动中应该占有一定的主导地位，不能因为强调师生平等而过于突出学生，忽视了教师的作用，无论怎样突出学生的主体和中心作用，都不能忽略教师的主导作用。有一种错误的倾向，就是把课堂完全交给学生，教师设计几个大问题，或者几个活动环节，完全由学生的活动来替代教师的讲解和点拨，而对于学生的表现，教师基本都予以鼓励和肯定，这样的课堂表面上新颖热闹，实际上空洞无物，师生双方都没有从这样的教学中受益。

教师更高一层次的教学智慧应该体现在以下方面：教师不仅能尊重学生，了解学生，激发学生的学习能动性，及时发现学生的问题，根据学生的学习情况适度调整教学，以清晰的讲解、适当的点拨、及时的总结、敏锐的观察、有效的引导，高效地达成教学目标，完成教学任务，而且能够及时总结反思教学过程中的问题，以积累教学经验，丰富教学实践，提升自身的教学智慧；与此同时，学生在课堂中不仅获得了知识，而且能力得到培养，思维得到训练，能够创生智慧。教师充分展示了教学智慧，学生获得学习的知识，师生双方通过教学，共同生成和提升智慧。如于漪老师执教《变色龙》时，学生对其设计的板书提出了质疑，并给出了自己合理的解释，学生的学习智慧充分显现，而教师的教学智慧在此过程中也获得提升，于老师在教后的反思中写道："就文中所讨论的这个问题来说，思维的严密性我不如学生。因而，我

在课堂上坦率地对学生说：我思考问题在习惯的轨道上走惯了，只考虑了一个方面，而且是静态的，现在多角度地考虑，发现不仅现象与本质有关系，而且现象本身也在变化发展，是动态的，这样更符合人物的内心世界。学然后知不足，教然后知困，学生学得积极主动，就能弥补教的不足。对此，我理解领悟得更为深刻了。"

　　高效和谐，效率就是指单位时间内获得的成效，高效课堂是指教师能科学地分配和控制课堂教学时间，教学内容明确而集中，教学方法合理而多元，教学环节紧凑而有序，保证学生参与课堂教学的有效时间，教学目标达成度高。所谓"和谐"，简而言之就是和睦、协调、融洽，主要是指师生关系民主、和谐，教学过程中教师、学生、教学内容、教学方法、教学手段诸要素配置合理，关系和谐，学生主动学习，积极思维，课堂教学效益高，构成课堂教学的诸要素之间相辅相成，互促互向，共生共长，有机主动地结合、融合，共同作用，以促进教学进入一个最佳的状态，最优质地完成教学任务。

第三章

第三章

教学智慧的运用

JIAOSHI JIAOXUE ZHIHUI DE ZHANXIAN

教学智慧是一种实践性智慧，它产生于教学实践中，运用到教学实践中，又在实践中得到提升，实践性是教学智慧的基本属性，因此教学智慧重在实践运用。尽管教学智慧具有缄默性的特点，似乎是无法用文字来归纳、总结和传授的，教学智慧也具有个性化和创造性的特点，教师是很难学习和模仿的，但是在处理课堂教学过程的每一个环节时，教师运用的教学智慧仍然存在一定的共性，这些共性也是教师在课堂教学中应具备的最基本的教学智慧，在此基础上，教师可以根据自己的特点，创造出富有个性特色的教学智慧。以下就从课前准备、课堂教学、课后评价等方面来具体谈谈教学智慧在教学过程中的运用。

一、课前准备的智慧

要上好一堂课，课前的准备是起点，是基础。精心的备课是一堂课成功的前提。备课时要确定教学目标、教学内容、教学方法等诸方面，而在此过程中，教学智慧的运用有助于教师对将要实施的课堂教学提前预判，做好充分的准备。下面以笔者曾经执教过的《邂逅霍金》一课为例，来谈谈备课中教学智慧的运用。

（一）教学目标的设定

教学目标是师生通过教学活动预期达到的结果或评价标准。恰当的教学目标有利于引导学生自主、积极地参与到教学过程中，同时指导教师有条理地完成教学计划或任务。

教师的教学智慧，在设定教学目标时，首先表现在预判性，即对学生的学习情况要做出准确的预判。教学目标的设定要兼顾教学内容和学生两个方面，所谓"胸中有书，眼中有人"，尤其是要"眼中有人"，教学的对象是学生，教学目标是对学生学习任务完成效果的一种预期。教学内容本身有其重点和难点，学生学习这一内容时也有其重点和难点，教学目标的设定要将这两方面的重点和难点协调统一起来。教师应该站在学生的角度去分析教学内容的难点在哪里，什么地方学生不容易理解，什么地方学生容易产生误解。在这方面，教师要有学生的心态，要懂得换位思考，要预判学生在学习时会产生哪些学习困难，哪些学习障碍，同时要预判学生的思维习惯、思维定式等会对将要学习的内容产生怎样的负面影响。所有这些都需要教师依靠自身积累的教学经验以及自身的教学能力预先做出准确的判断，而后设计出恰当的教学目标。以《邂逅霍金》一课教学目标的设计为例：

《邂逅霍金》，这是沪教版高一第一学期第三单元的一篇文章。第三单元的单元主题是"人我之间"，目的是引导学生通过学习本单元的三篇课文，来思考人与人之间的关系是什么，以及我们应该怎样对待他人，学会关爱、理解、包容、尊重他人。

《邂逅霍金》一文本身是发表在《文汇报》上的一篇时文，文字通俗易懂，学生阅读不会有什么障碍，但是在语言文字上没有障碍，并不代表学生能真正地读懂这篇文章。高一的学生虽然已经具备一定的阅读能力，但是现在的学生在阅读上最大的问题是对文本浅尝辄止，先入为主，主观臆断。就这篇课文而言，很多学生看到题目中的"霍金"二字就想当然地认为文章的主旨是歌颂霍金身残志坚，事实是，文章虽然题为"邂逅霍金"，霍金却不是文章真正的主角，作者并没有把主要的笔墨放在霍金身上，而是恰恰关注了霍金身边的人对待霍金的态度，从而引发了作者对于人文关怀方面的思考。

综合教材和学生两个方面，我把本课知识与能力这一维的教学目标定为理解作者要表达的思想感情，准确把握文章的主旨；而过程与方法这一维的教学目标是通过问题的设置，引导学生认真仔细地阅读文本，从文本中发现问题，从文本中寻找依据；如果学生能够把握文章的主旨，那么情感、态度、价值观这一维的目标——理解作者的人文视角，感受作者的人文关怀——就自然达到了。

从实际的教学效果来看，这堂课教学目标的设定是恰当而有效的，兼顾了教学内容的重点、难点与学生学习的实际情况，对学生的主要问题事先做出了较为准确的预判，例如在教学过程中确实有部分学生先入为主，主观臆断，从文章是歌颂霍金的角度去思考问题。

其次，教学目标设定的发展性。所谓发展性，就是要让学生的学习方法、学习能力、思维水平通过课堂教学能够有所发展和增长。因此，教学目标的设定要有利于引导学生在现有学习水平的基础上，掌握方法，积极思维，有所收获。例如，《邂逅霍金》一课的一个教学目标就是"引导学生认真仔细地阅读文本，从文本中发现问题，从文本中寻找依据"，这一目标的设定，目的首先是要学生养成仔细阅读文本的习惯，让学生懂得阅读理解不能主观臆断，文本的字里行间都渗透了作者的思想感情，文字是作者思想感情的载体，离开了文本是无法准确把握作者思想感情的，仔细阅读文本，是准确理解文本的前提；其次是要引导学生从无疑处生疑，有些一望即知、一目了然的文字，如果你多问两个为什么，就能看到文字背后更深层的作者想要真正表达的东西。

再者，教学目标设定的层次性。要考虑教学三维目标之间的关系应该如何处理，三维目标彼此之间的关系是什么。在实际教学中，有些教师的目标设计往往存在这样的问题——面面俱到，主次不分，缺乏层次，也有些教师没有将三维目标视为一个整体，而是割裂地、机械地去看待。

教学过程和方法是达成培养知识与能力、情感态度价值观的方式与手段，因此在确定了知识与能力的目标后，就要选择适当的教学方法，而情感态度价值观往往更多地与教学内容有关，它是渗透在其中的，如果刻意地将其拔高，效果会适得其反。科学而智慧地处理三维目标，就是要主次分明，有机结合，根据每一堂课的实际教学内容来确定主要的教学目标，使三者能够融为一体，如《邂逅霍金》一课三维教学目标的设定。

（二）教学内容的确定

教学内容不等于教材内容，如何处理教材，确定教学的内容，这是大有学问的，需要教师个人智慧的运用。

有些学科的教学内容相对来说是比较确定的，比如自然科学学科，教材本身具有严格的序列性、严密的逻辑性及相当的科学性，教师在确定教学内容时，必须把握教材内在的逻辑性与序列性，同时结合学生学习的具体情况来确定教学内容。教学内容的确定不能违背科学性。

人文科学学科教学内容的确定，尤其是语文学科教学内容的确定，相对来讲就有比较大的自由度，而这种自由度实际上也增加了教师确定教学内容的难度，教师个人的因素在确定教学内容的过程中就起到了举足轻重的作用。语文教材是文选型的，没有严格的序列性，一篇课文到底教什么，可以从很多不同的角度切入，确定不同的教学内容。

教学内容确定的智慧在于教师懂得取舍，尤其是对于语文学科而言。上好一堂课就如同写好一篇文章，文章要有明确的中心，课要有明确的教学目标；一篇文章所运用的材料，需要根据文章中心的要求进行适当地剪裁，确定主次详略，同样一堂课，要根据教学目标来适当地处理，不能胡子眉毛一把抓，平铺直叙，主次不分；一篇好的文章，眼中要有读者，而一堂好的课，眼中要有学生。因此教学内容取舍的原则就在于处理好文本本身的价值、教学目标、学生的学情，将三者有机结合，对文本内容进行必要的取舍，以教学目标为中心，思考哪些内容重点讲、详细讲，哪些内容可以一带而过，哪些内容可以大胆舍弃。

一篇作品被选入教材，在内容和形式上总有其独到之处，或是主题深刻、引人深思，或是结构、语言、写作手法独到新颖，等等，这是文本本身的价值所在，作为文本的核心内容，这是学生需要理解和把握的，也是教师阅读教学所要完成的最基本任务。教师要围绕这个核心内容来确定教学目标，设计教学，引导学生准确理解和把握教学内容。例如于漪老师执教的《晋祠》的第一课时。

于漪老师在讲《晋祠》第一课时，是这样处理的，比较《中国名胜词典》中"晋祠"的解说条目与课文中对晋祠描写的异同。

引入《中国名胜词典》中关于"晋祠"的解说条目，让学生听记。

引导学生把听记后的五句话与课文中的相关内容对应起来。

于老师让学生对照这两篇描写晋祠的文字，思考发现了什么问题，两者有哪些不同之处，判断一下是文章写得好还是词典上说明得好。

学生在细读比较中发现了以下问题，并再度深入课文解决了这些问题：

词典上说晋祠在太原西南 25 公里，书上说西行 40 里。（因为方向上有差别，因此两个数据都可以用。）

词典上的"三绝"是指难老泉、宋塑侍女像、隋槐周柏，书中的"三绝"是指圣母殿、木雕盘龙和鱼沼飞梁。（学生引用《中学语文课外阅读手册》解决问题："关于晋祠三绝的说法多种多样，正好证明了经此值得我们欣赏的杰作特别多"；另一学生发现，词典里介绍的是"晋祠三绝"，书中说的是"古建筑的三绝"。）

词典上说的是"隋槐"，而书中讲的是"唐槐"，似乎也有出入。（学生发现隋唐相隔时间不长。于老师点拨：隋朝在公元 581 年建立，公元 618 年灭亡。）

词典上讲的是 43 尊宋代彩塑，书中说是 42 尊。（学生仔细读文，发现还有一尊圣母塑像没有计算在其中。）

学生大多关注说明对象的差别，忽略了说明方法的比较。于老师做了一点提示：词典条目是一段话，课文是一篇文章，有哪些不同的地方？

在于老师的点拨下，学生得到启发，发现词典里只是做了简单的说明，而课文是描写和说明结合起来写的。

于漪老师对学生发言做了小结：就内容而言，书上全面，词典简洁；就表达方法而言，词典平实，书中的描写具有美感；就说明顺序而言，词典采用并列式的结构，书中则是先总后分。词典与课文相比，无论是内容、表达方法、说明顺序还是说明语言，都有不同之处。二者没有好与不好的区别，采用什么形式来表达是由作者的写作意图来决定的，词典供人翻检，介绍须要言不烦；文章给人美的享受，所以在说明的基础上要进行描述。

于老师抓住了《晋祠》的文体特点——说明文，而且是一篇在说明表达方式的基础上运用了较多描写的说明文，为了让学生能够把握文章的这一主要特点，也是这篇文章的核心文本价值所在，于老师通过让学生比较《中国名胜词典》中关于"晋祠"的解说条目与《晋祠》一文的不同，让学生自己寻找，自己发现，当学生有所偏差，把眼光主要集中在内容的差异上时，于老师又适时地点拨，引导学生从形式的角度去比较，最终让学生领悟到同样是说明性的文章，针对同样的说明对象，由于写作意图的不同，写作方法也可以有很大的差异。整堂课把握住了文本的核心内容，达成了教学目标，学生也大有受益。

反之，如果处理不好文章内容的主次关系，无法突出文本的核心内容、核心价值，将给学生的学习带来干扰，教学效果也会打折扣。以上述《邂逅霍金》为例，这篇课文的教学，文本的重点在于让学生准确把握文章人文关怀的主旨，体会作者独到而深刻的思考。文章内虽有精彩的对霍金形象的描写，但并非重点内容。而课堂上对霍金形象描写的文字分析过多，对主旨进一步理解和拓展的时间和空间就被压缩了，会给人本末倒置、主次不分的感觉。笔者曾经执教过的这堂课，在教学内容的处理上就没有很好地处理好各部分教学内容之间的比例关系，对霍金形象的描写做了大量的分析和讨论，以至于有部分同学上完课后，依然认为这篇课文是歌颂霍金身残志坚的品质的，这是这堂课留给我的一点遗憾吧。

（三）教学方法的选择

文章的形式是为文章的内容服务的，同样，一堂课的教学方法是为教学内容服务的，这体现了课堂教学中形式和内容之间的关系，教学方法是形式，是手段，目的是为了更有效地完成教学内容，达成教学目标。因此，在备课阶段，设定教学目标、确定教学内容后，就要科学而智慧地选择教学方法。

首先，根据不同的教学内容选择相应的教学方法。众所周知，由于学科内容的性质不同，适合的教学方法也不同。语文、英语等学科着重培养学生的语言能力，主要宜采用讲解法、对话法、朗读法、练习法等；物理、化学实验学科则适合采用比较直观的演示法和实验法；而数学学科侧重于严密的逻辑推理，使用练习法可帮助学生更有效地达到教学目标。

请看上海市化学特级教师林美凤老师《影响化学平衡移动因素》的教学设计思想部分。

一、教学设计思想

《影响化学平衡移动因素》这节课的教学设计中，特别注重结论的产生过程，让学生学会从现象到结论、从宏观到微观、从现象到本质的研究方法。具体体现在以下几个方面：

1. 注重化学实验在化学概念形成中的作用。本节课自始至终都把实验作为提出问题、探索问题、解决问题的重要途径和手段。

2. 注重师生在课堂教学中的角色互换，营造民主和谐的教学氛围。本节课以学生的自我探究为主线，以学生多种能力的养成为目标，将课堂实验改为学生实验，激发学生的学习爱好，促使学生主动地学习，从而有效地弘扬了学生的主体性，体现了生命教育的基本特征。

3. 注重对学生进行科学方法的指导和科学素养的培养。本节课采用"实验探究—理论分析—演绎推理—归纳总结"的学习方式，使分析法、归纳法、对比法以及综合法等化学思维方法得到了很好的运用，使学生初步学会从微观到宏观，从现象到本质的科学的研究方法，学生分析、推理、归纳、总结的能力得到提升。

4. 注重教学情境的创设。本节课每一次学习活动都进行了有效的"创境"（实验创境、问题创境），引导学生进行合情合理的学习，让学生在情境的体验中感悟、内化、交流和研讨影响化学平衡移动的因素。

5. 注重学生的合作学习。本节课中，学生在多次合作学习的基础上，完成了对影响化学平衡移动的因素的认识，理解了化学平衡移动原理，达成了动态平衡思想的建立和相互合作意识的培养。

6. 注重书本知识和生活知识的融会贯通，让学生运用平衡移动原理解决生活中的化学平衡问题，实现从"书本"走向"生活"的学习目的。

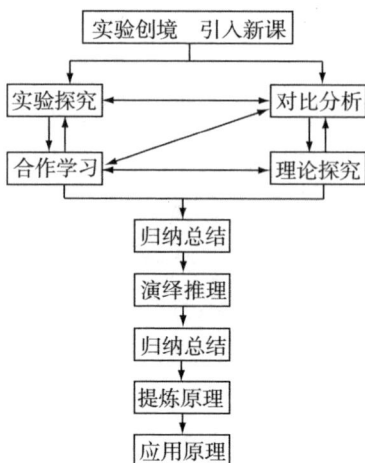

图 3-1 课堂教学设计图

整堂课的教学设计紧扣化学是实验学科的特点，将原本的课堂实验换成学生实验，以学生的自我探究为主线，自始至终把实验作为提出问题、探索问题、解决问题的重要途径和手段。采用"实验探究—理论分析—演绎推理—归纳总结"的学习方式，辅之以合作学习，教学中注重分析法、归纳法、对比法以及综合法等化学思维方法的运用与培养。整堂课紧扣学科特点，综合运用多种教学方法，强化学科思维，培养学生能力，上出了学科特色。

此外，即使是同一学科，也有不同的教学内容，教师在选择教学方法时也要考虑教学内容的差别。比如语文学科中阅读和写作就不可能采用同样的教学方法，阅读中由于文体的不同，也可以采用不同的教学方法，抒情散文可以通过教师的朗读以情动人，而如果是逻辑严密的议论性文章，就需要利用教师抽丝剥茧、精确到位的讲解，让学生体会到作者的用心之处。

目前语文课堂教学的"费时低效"屡受诟病、非议，这与教学方法选择的不合理是有很大关系的。以文言文教学为例，许多教师没有把握住文言文教学内容的特点，忽略朗读教学法的运用，而大量地采用讲解法和练习法。教师费时费力地讲解，学生在经过了大量的文言字词和语法训练后，积累的文言字词义项不算少，古汉语语法知识不可谓不系统，但是文言文的整体阅读能力还很有限，关键问题还是欠缺语感，学生头脑里的知识还是孤立的、机械的，而不是整体的、贯通的。"书读百遍，其义自现"，朗读是学习文言文的基本功，也是理解文章思想内容的前提。文言文重语感，"语感"是个相当重要的概念，它反映人对语言文字感知、把握和运用的能力，是一个人语文素质的核心因素。一个人在读书的时候，凭借的常常是语感，而不是明确的、理性的思维，读文言文更是如此。语感强的人，用不着做语法分析、逻辑推理，就能"直觉"地把握语意，体味情调，分出正误以至优劣。培养语感是提高文言文阅读水平的重要环节，而朗读不失为一条有效的途径。不能把文章读得文通字顺，我们又如何能理解文本的内容，如何去解开心中的疑惑？而如今的课堂上已经很少能听到学生的琅琅书声，在学生对文本的理解还半生不熟时，教师如何费劲地讲解，教学的效率怎样也是可想而知的。

再以写作教学为例，当前的写作教学采用的主要方法其实就是案例分析法，也就是强调范文学习，以范文为具体案例，通过范文的学习和赏析来指导学生的写作。但是这种方法有着很大的弊端，学生很难通过学习范文来提高自己的写作能力和水平。我们不妨做一个非常形象的类比——一位厨师让徒弟们品尝一道色香味俱全的好菜，详细地讲解这道菜在色香味各方面有什么特色，让徒弟们品尝，但是无论师傅的讲解多么具体、细致、精彩，听完讲解，品完美味，让徒弟们去做出同样一道菜也是不可能的。同样的道理，学生通过教师的讲解分析，甚至不需要教师的讲解分析，都知道范文写得好在哪里，但他们还是无法写出和范文一样的好文章。其实，只要做一个小的改变，可能教学效率就会大幅提高，即使是采用案例分析法，大部分教师也是从正面去选择一篇范文，那么可不可以选一篇并不成功的文章来作为反例呢？这个反例能够比较集中地反映某次写作中学生常见的错误，让学生自己去寻找发现文章的不成功之处或者问题所在，这样比教师单纯从正面去分析讲解范文的好处，教学效果就可能更好一些。其次，写作是一个复杂的过程，只有将写作的知识转化成一个个具体的步骤来指导学生，辅以适当的练习，让学生自己动手尝试一下，练习一下，才有可能使学生学会写作，如果只是呈现一个结果，而没有具体的步骤和过程的讲解、指导、练习，这样的写作教学从某种程度上说是低效甚至是无效的。因此，有时要完成一个教学内容，达成教学目标，需要多种教学方法的综合运用，这些方法运用的时机、比例的分配等，都需要教师运用自己的智慧来做出恰当的选择。

其次，教师选择教学方法的目的是为了促进学生更好地学习，要根据学生的实际情况选择相应的教学方法。同样的内容、相同的教学目标、相同的教学方法，针对不同的学生，教学效果的差异可能非常大。学生的基础、能力、个性是完全不同的，由不同学生组成的班级，班级的气质也是不尽相同的，如教师在准备教学公开课之前，同样的课会到不同的班级去试教，教学效果也可能有天壤之别，原因就在于此。在日常教学中，一位教师往往同时任教同年级的两个或多个班级，可以尝试在不同的班级，采用不同的教学方法，根据学生的实际情况将各种不同的教学方法进行不同的优化组合，以期收到最佳的教学效果，在教学实践中，不断地积累经验，提升智慧。如针对课堂气氛较为活跃，学生上课敢于发言、勇于表现的班级，可以多设计一些小组讨论，而有的班级学生比较内敛，即使教师的讨论话题设置精当，讨论过程组织得当，这部分学生也很难讨论起来，那么教师可以适当减少小组讨论，多一些自己的讲解和引导。总之，教师要从学生的实际情况出发，选择那些能促进学生学习，发展学生的智力和能力，培养学生良好学习习惯和正确学习态度的教学方法。

再次，也是非常关键的一点，就是教师要选择适合自己的教学方法。不同的教师知识素养不同，思维习惯不同，个性特征不同，在兼顾上述教学方法的原则的基础上，教师要选择最能够表现自我特长和优势的教学方法。有的教师语言表达清晰，授课思路严密，能以自己的讲解来感染学生，采用讲解法未尝不可，"满堂灌"有时也是教学效率高的表现，不能一概而论；有的教师亲和力强，组织能力强，善于引导，可以尝试以学生讨论为主的方法，教师在适当处画龙点睛。在教学方法的选择上，教师切忌"邯郸学步"，教学方法从本质上说没有绝对的优劣，适合自己的才是最好的，模仿借鉴他人所谓的好的教学方法，别人的没有学会，自己的反而又丢掉了，教学上走了弯路，这是得不偿失的。

最后，在教学准备阶段预设的各种教学方法，要根据教学时的实际情况做适当的调整，否则课堂效果也会不尽如人意。在某些教学公开课上，我们常常会发现，课堂教学已经陷入了某种尴尬，某一种教学方法已经要有所调整，却因为教师之前已经做好充分的预设而没有及时调整。有经验、有智慧的教师善于在此时根据实际情况对教学方法进行调整甚至是重大的调整，比如某个问题学生无法再讨论下去时，教师可以通过及时总结、点评，转换为自己讲解。

二、课堂教学的智慧

课堂教学过程是教师表现和运用教学智慧的最佳舞台。一堂课的高效有序，流畅运转，离不开教师的教学智慧。以下从课堂导入、问题设置、互动对话、课堂结构的组织安排等几个方面来谈谈课堂教学中的智慧。

（一）精心导入，营造气氛，聚焦课堂

导入是课堂教学的第一个环节。如果说整堂课是一篇乐章，那么导入就是整堂课的第一个音符，为整堂课奠定了情感和思维的基调。精心设计的导入能营造良好的课堂气氛，激发学生的学习兴趣，使学生迅速集中思想，聚焦课堂。

不同学科，因为学科性质和教学内容不同，课堂导入的方式方法也各不相同。数学学科常常由概念的讲解而导入，或者教师提出一个新的问题，该问题运用旧的知识无法解决或者解决起来非常烦琐，以此导入新的知识、新的概念、新的方法，体现数学学科的序列性、逻辑性和科学性。物理、化学学科常常以实验导入，教师通过实验来激发学生的兴趣，继而分析实验原理，导入新课，或者以生活中某个蕴含着物理或化学原理的现象导入。语文学科的导入，常常是为了激发学生情感的波澜，激发学生深入探究文本的兴趣。

但是，无论什么学科，无论运用什么方法导入，都要遵循一定的原则。

第一，导入要自然、顺畅，要与即将展开的新教学内容有机结合，紧密相关，贴切无缝，而不能机械地割裂二者。

第二，避免喧宾夺主，导入部分在时间上要有所控制，形式上要简洁、朴实。

以下，让我们一起来看一个成功导入的案例——于漪老师执教的《晋祠》。

（上课）

师：我们伟大的祖国历史悠久，山川锦绣，名胜古迹星罗棋布，在世界上可以说是——

生（部分）：首屈一指。

师：首屈一指（竖起拇指）。现在请每位同学就你所知道的名胜古迹说出一处，要求：一，说清楚；二，要速度。我不一个一个叫名字了，请挨着次序讲下去。你先说（示意第一排一位学生）。

生1：青岛八大关。

生2：故宫。

生3：从化温泉。

生4：山西云冈石窟。

生5：西安的大雁塔。

生6：杭州的西湖。

生7：长城。

生8：甘肃的酒泉。

生9：善卷洞。

师：在什么地方？

生9：宜兴。

生10：福建厦门的鼓浪屿。

生11：南翔古猗园。

生12：北京的颐和园。

生13：普陀山的寺庙。

生14：西藏的布达拉宫。

师：好，讲得很响。

生15：河北省的赵州桥。

师：河北省的赵州桥我们在什么课文中碰到过？

生（部分）：课文《中国石拱桥》。

师：对。

生16：太湖。

生17：西安的大雁塔。

师：重复了。

生18：陕西的兵马俑。

生19：安徽滁县的醉翁亭。

师：醉翁亭，我们这学期要学《醉翁亭记》。

生20：承德的避暑山庄。

生21：湖南省岳阳市的岳阳楼。

师：岳阳楼，我们这学期还要学《岳阳楼记》。

生22：山水甲天下的桂林山水。

生23：庐山的大天池。

生24：洛阳的白马寺。

生25：雁荡山。

师：在什么省？

生25：浙江省。

生26：广西容县古经略台真武阁。

生27：河北省保定市的古莲池。

生28：广东肇庆星湖。

生29：广西阳朔。

生30：长白山天池。

生31：济南的大明湖。

生32：扬州的瘦西湖。

生33：北京的天坛。

生34：甘肃的敦煌。

生35：上海名胜豫园。

生36：西藏拉萨的哲蚌寺。

生37：绍兴的东湖。

生38：北京的卢沟晓月。

师："卢沟晓月"我们也在课文中碰到过。

生39：西双版纳。

生40：四川的乐山大佛。

生41：宜兴的张公洞。

生42：庐山的花径。

生43：中岳嵩山。

师：中岳嵩山，你还能够说出其他的几个"岳"吗？

生43：能。西岳华山、东岳泰山、北岳恒山、南岳衡山。

师：对不对？

生（部分）：对！

师：记得很熟，好。

生44：浙江的瑶琳仙境。

师：刚才我们花了不到两分钟的时间，把自己熟悉的名胜古迹初步检阅了一下，已经巍巍乎壮哉！我们的祖国无处没有名胜古迹，真是美不胜收。我们的祖国究竟有多少名胜古迹呢？我给你们介绍一本书，［出示书］大家看：《中国名胜词典》。这本书里介绍的都是我国的名胜古迹，我们今天要学的"晋祠"，这里也有介绍。"晋祠"，你们学过地理，"晋"是指什么地方？

生（部分）：山西省。

这一导入环节的设计，短小精悍，自然贴切，富有新意。其一，不到两分钟时间，全班44位同学全部都参与了这一教学环节，同时训练了口头表达能力，因为于老师在一开始就提出了说清楚和速度两个要求，而且适时对表达清晰响亮的学生给予肯定。其二，有效处理了新旧知识的关联，当有学生提到赵州桥时，让学生回忆起已经学过的课文《中国石拱桥》，学生提到北京的"卢沟晓月"，老师立刻说"'卢沟晓月'我们也在课文中碰到过"，学生提到醉翁亭和岳阳楼时，于老师说这学期会学到这两篇课文，给予学生一种求知的心理预期。其三，自然贴切，顺利过渡。这一导入环节的目的是为了引出《中国名胜词典》，以及第一课时的主要教学内容——《中国名胜词典》中对晋祠的介绍与课文《晋祠》的比较，自然流畅，天衣无缝。其四，渗透了爱国主义教育，激发了学生的爱国情感，让每一名学生介绍一处自己知道的祖国的名胜古迹。于老师最后总结道："刚才我们花了不到两分钟的时间，把自己熟悉的名胜古迹初步检阅了一下，已经巍巍乎壮哉！我们的祖国无处没有名胜古迹，真是美不胜收。"此时，学生的爱国情感无形中已经被完全激发。这一精心设计的导入环节，起到了以一当十的效果。

成功的导入，需要教师运用自身的教学经验和教学智慧，在了解学生的基础上精心设计。常用的课堂导入有以下几种：

（1）开门见山式

教师在上课伊始，单刀直入，直接告诉学生这节课的教学内容以及教学要求、教学目标。这种导入的优点在于目的明确，简洁明了，缺点在于过于平淡，较难激发学生的学习兴趣和热情，对课堂气氛的营造作用有限。

（2）以旧引新式

通过旧知识的复习，自然地引入新课的内容。如于漪老师执教的《春》导入的第一个环节。

今天，学习朱自清先生的《春》。一提到春，我们眼前就仿佛展现了阳光明媚、东风荡漾、绿满天下的美丽景色，就会觉得有无限的生机、无穷的力量。古往今来，许多文人用彩笔描绘春天，歌颂春天。

同学们想一想，诗人杜甫在《绝句》中是怎样描绘春色的？（学生背诵："两个黄鹂鸣翠柳，一行白鹭上青天。窗含西岭千秋雪，门泊东吴万里船。"）王安石在《泊船瓜洲》中是怎样描绘春色的？（学生背诵："京口瓜洲一水间，钟山只隔数重山。春风又绿江南岸，明月何时照我还？"）苏舜钦在《淮中晚泊犊头》的诗中又是怎样写春的呢？（学生背诵："春阴垂野草青青，时有幽花一树明。晚泊孤舟古祠下，满川风雨看潮生。"）

以旧引新的导入，既复习了旧知识，检测了学生对旧知识的掌握，又为新知识的学习做了铺垫，是日常教学中采用较多的导入方式。设计这一类型的导入时，教师要准确找到新旧知识之间的内在联系，以此来精心设计导入的问题或活动。于老师设计的导入，新的内容是要教授朱自清描绘春天、歌颂春天的散文《春》，那么就以此为中心，让学生背诵古人描绘春天、歌颂春天的诗歌，在背诵中感受春天的意境，感受历代文人描绘春天的匠心，同时又激发起学生想要了解课文《春》是如何描绘、歌颂春天的求知欲，而且采用全体背诵的方式有利于营造课堂气氛，使学生迅速进入教学情境。

（3）比较式

通过新旧知识的比较，突出新教学内容的特点，激发学生的学习兴趣。如于漪老师执教的《春》导入的第二个环节。

以上背诵的诗都是绝句，容量有限，是取一个景物或两三个景物来写春的，今天学的散文《春》写的景物可多了，有山、水、草、树、花、鸟、风、雨，等等。作者是怎样描绘的呢？再说，春就在我们身边，现在我们就欢乐地生活在阳春三月的日子里，文中写的这些景物的姿态、色彩等你们注意到没有呢？让我们细读课文，领略大好春光，寻找与作者观察的差距。

相同的题材——颂春、绘春，不同的体裁——诗歌与散文，因为篇幅容量，描写的对象增加了，描写的空间更大了，自然地引出教学目标——作者是怎样描绘春天的？比较式导入，要找准比较的切入点，比较的目的在于突出新旧教学内容的异同点，以此来激发学生学习新内容的兴趣。

（4）故事式

讲述一个与课堂教学内容相关的故事，引入新的教学内容，形象而生动。

如上海著名特级教师陈小英老师执教的培根《论美》的导入部分。

　　同学们，今天我们要学习十七世纪英国伟大的哲学家弗兰西斯·培根的《论美》。

　　一说到美，我就情不自禁地想到这样两件事。

　　① 1946 年，二战刚刚结束，德国历经战火的城市到处颓垣断壁，一片惨景。一天，有两个美国人访问了一户住在地下室的德国居民，嗣后，这两个人有一番发人深思的谈话：

　　"你看他们能够重建家园吗？"

　　"一定能！"

　　"你为什么回答得这样肯定？"

　　"你没看到他们在地下室的桌子上放着什么吗？"

　　"一瓶花。"

　　"对，任何一个民族，处在这样一个困苦的境地，还没有忘记美，那就一定能在废墟上重建家园。"

　　②《红楼梦》第二回《贾夫人仙逝扬州城　冷子兴演说荣国府》中，有一段冷子兴的叙述："那宝玉周岁时，政老爷试他将来的志向，便将世上所有的东西摆了无数叫他抓，谁知他一概不取，伸手只把脂粉钗环抓来玩弄，那政老爷便不喜欢，说将来不过酒色之徒。"这是贾宝玉抓周的一个镜头，贾政的评价完全是唯心的，倘从唯物的角度出发，一个周岁婴儿，当然要抓色彩最美的脂粉钗环，不仅贾宝玉，李宝玉、张宝玉也照样如此。

　　可见，不管身处绝境的民族还是一个不懂事的孩子都爱美，但是怎样认识美呢？我们今天要学一篇关于"美"的经典之作：培根的《论美》。

　　美是一个非常抽象的概念，所要教的课文《论美》文字上也比较理性抽象，所以教师就用两则故事来导入课文，第一个故事说明了人在任何情况下，哪怕是身处绝境时都有对美的追求，而《红楼梦》中"宝玉抓周"的故事说明了"爱美之心人皆有之"。这两个故事形象生动而又贴合课题，激发了学生的阅读兴趣。

以故事作为导入，要注意故事的篇幅，故事本身要短小精悍，富有趣味性，冗长而无趣的故事非但占用了教学时间，而且无法引起学生的兴趣；其二，故事要和教学内容有较紧密的相关性，不能为讲故事而讲故事，与教学内容脱节。

（5）设置悬念式

以问题引发思考，形成悬念，引发学生的学习兴趣。如于漪老师执教的《孔乙己》的导入部分。

本文写于 1918 年冬，发表于 1919 年 4 月的《新青年》，后收入短篇小说集《呐喊》。

凡读过鲁迅小说的人，几乎没有不知道《孔乙己》的。凡读过《孔乙己》的人，无不在心中留下孔乙己这个遭到社会凉薄的苦人的形象。鲁迅先生自己也说过，在他创作的短篇小说中，最喜欢《孔乙己》。他为什么最喜欢《孔乙己》呢？孔乙己究竟是一个怎样的艺术形象？鲁迅先生是怎样运用鬼斧神工之笔来精心塑造这个形象的？学习本文之后就可得到明确的回答。

过去有人说，古希腊索福克利斯的悲剧是命运的悲剧，莎士比亚的悲剧是主人公性格的悲剧，而易卜生的悲剧是社会问题的悲剧，从某种意义上说是有道理的。那么，孔乙己的悲剧是什么样的悲剧呢？悲剧，往往令人泪下，然而，读了孔乙己的悲剧，眼泪常向肚里流，心里有隐隐作痛之感。这又是为什么呢？学习之后，请同学回答。

于漪老师自我评价这一导入的设计时说："连续制造了两个悬念，学生注意力立即凝聚，沉浸到情深、意深、含蓄、深沉的文本之中。我好得意！"的确，一个好的教学设计，教师本身也会为之心动。

以问题引发思考，形成悬念，关键是问题的设计，问题应该是贯穿整堂课始终的线索，整个教学就是为了解开这个悬念，以这个悬念不断地激发学生，引领学生去思考，去解决问题，一堂课结束之时也正是悬念解开之时。在日常教学中，这类教学导入最主要的问题在于悬念只在导入部分有效，完成这一环节后就被放在一边，置之不理了，为悬念而悬念，为导入而导入，学生刚被激发的学习兴趣随着教学的推进渐渐地弱化了，直至课堂结束，上课伊始提出的问题也没有得到真正的解决，悬念的设置只是一种形式而已。

（6）类比比喻式

运用类比比喻巧妙导入教学内容。

"同学们，今天我也来上一堂物理课。""嗯？语文老师怎么会上物理课？"原本无精打采的学生都抬起了头，惊讶地看着讲台上的语文老师王老师。高三第二学期了，理科班的学生对语文的兴趣不大，早就被淹没在数理化习题的海洋中了。"你们学物理，想过物理是门什么课吗？物理是通过数学的方法去研究物体运动的原理。我们今天上的课某种意义上也是物理课。"王老师接着说。"今天不是上《谈白菜》吗？跟物理有啥关系？"有几名学生私下嘀咕。"自然界中有很多事物，它们看似平淡无奇，可是只要我们仔细观察，深入思考，它们会给我们带来意想不到的哲理思考。今天我们要学习的是李锐的《谈白菜》，让我们一起来赏析作者如何通过文字揭示平淡无奇的白菜所蕴含的哲理启示。一个是物体运动的原理，一个是事物蕴含的哲理，从这个角度看，我是不是也在上物理课啊？"

这一导入案例中，根据学生的特点，教师抓住物理学科和语文中托物言志类散文的共同点——都是透过表面现象去挖掘事物背后蕴藏的道理，巧妙地运用了类比，有效地激发了学生的学习兴趣，收到了出其不意的效果。

运用类比比喻式导入，一定要准确贴切，因此要找准教学内容与所做类比比喻之间的相同点或相似点，并且不能有知识性、科学性的错误。

（7）可视化导入

利用实验、实物、模型、数字化多媒体等可视化手段导入教学内容。随着数字化多媒体的普及，这一导入方式被越来越多地运用到教学中。此方式最大的优点就是形象而直观，容易引发学生的兴趣。但在实际运用中也出现了一些问题，如部分教师只是简单地展示照片、播放录像，没有必要的点拨，学生开始时兴奋一阵儿，进入正式的教学内容后，学习热情迅速冷却，课堂气氛趋于平淡；或是导入内容过于花哨、烦琐，喧宾夺主，反而使主要教学内容沦为了陪衬。

（二）把握时机，设问生疑，激发思维

孔子说："疑是思之始，学之端。"朱熹亦云："学贵有疑。"古希腊哲学家亚里士多德认为思维从疑问和惊奇开始。高质量的学习是从生疑开始的，是始终带着疑问的学习，是在解疑的过程中，不断积极主动地获取知识，获得能力，提升思维。学生自身在学习的过程中，由于各自的基础和能力不同，会生发很多疑问，但更高质量的疑问需要通过教师适时地设置高质量的问题来激发，因此，有经验、有智慧的教师的课堂教学常以问题为核心精心设计教学，不断地点燃学生思维的火花，激发他们的求知欲。

简单重复的低质量问题是无法激活学生的思维的。高质量的问题是教师在把握学生认知水平的基础上，根据教学目标、教学内容的相关要求而精心设计的，唯有这样的问题才能使学生产生疑惑，积极思考，提升思维水平。那么，如何才能设置出能使学生产生疑问、激发他们思维的高质量问题呢？

1. 找准教与学的结合点，设置高质量问题

教师在设计问题时需要思考学生在完成教学目标的过程中会有哪些困难，对于学生而言，教学内容的难点在何处，哪些是学生难以理解、容易忽略和误解的地方，要在这些地方精心设计出高质量而有思考性的问题。如我曾教授过的《邂逅霍金》一课设计了以下问题。

课文的教学过程中设计了三个主问题：
① 霍金独特的形象与周围人对待霍金的态度，你认为哪一个更令作者

震惊？

②作者为什么在文章的开头没有直接写邂逅霍金？将文章的开头进行了修改（删去作者两次提到自己没有看懂《时间简史》这本书的相关文字），让学生比较两个开头的不同，接着追问：作者为什么要在开头两次提到自己没有看懂《时间简史》这本书，强调这本书其实是很少有人能读懂的？

③假设作者没有邂逅霍金，而是邂逅另外一位生活在剑桥的著名学者，同样的场景，他是否会有同样的感慨和思考？

一堂课的时间容量有限，不可能设置很多问题，要留给学生一定的时间去思考问题，很多课一问一答，节奏很快，课堂气氛热烈，但是学生在思维上受到的训练反而是极其有限的。

这堂课设计的三个主要问题紧紧围绕着教学目标和教学重点，而且每个问题都关注到学生的学情，都对学生可能出现的问题做出了准确的预判。教学目标是理清文章的写作思路，理解作者要表达的思想感情，准确把握文章的主旨，感受作者在文中倡导的尊重他人的人文情怀。教学重点是理解作者的人文视角，感受作者的人文关怀。

第一个问题的设计意图是要让学生意识到正是周围人的表现，引发了下文作者对霍金生活在剑桥的议论，而这议论正是文章的主旨所在，之所以设计这个问题，是因为文中有大量对于霍金形象的描写，而这一形象也让作者感到震惊，学生会忽略周围人的反应，而仅仅关注霍金的形象，学生对文章中心的理解和把握会走向另一个错误的方向。

第二个问题的设计是想让学生意识到，其实在文章的一开始作者就为文末的有感而发做了有力的铺垫，作者委婉地表达了他对众人争相阅读《时间简史》是颇有微词的，人们其实并没有真正地理解霍金，而是类似于追星一般地阅读霍金。文章开头的这部分内容，学生是极其容易忽略的，或者将其误解为作者是想表达霍金能写出《时间简史》这样的著作非常伟大，还是把眼光聚焦在霍金身上。在这个问题中教师还设计了一个小问题进行铺垫，给学生一个思考的台阶，或者说给学生一点暗示，就是将文章开头做了修改，然后与原文进行比较，问题具有一定的导向性。

第三个问题的设计是为了引导学生准确把握文章的主旨和理解文章的写作目的，邂逅霍金引发了作者对于人文关怀的思考，而霍金并非是文章真正的主角。

这三个主要问题构成了整堂课的线索，贯穿始终。问题不多，但每个问题都有一定的容量，都具有一定的思考空间，能够激发学生的思维，在对这几个问题进行探讨和理解的过程中，学生不断地去理解和把握作者的写作意图和文章的中心，最终也就达成了这堂课的教学目标。

2. 制造思维矛盾，让学生在无疑中生疑

孙绍振在《名作细读》这本书的序言里说："我当语文老师一定要讲出学生感觉到又说不出来，或者以为是一望而知，其实是一无所知的东西来。"其实，不仅语文学科是这样。学生没有问题往往是最大的问题，很多重要的内容、关键的地方，学生其实是似懂非懂，一知半解，甚至是根本忽略的，而教师恰恰要找到这样的地方，制造矛盾，激起学生思维的波澜，让学生在看似无疑处生疑。如我曾经执教过的李辉的散文《告别权力的瞬间》。

文章的中间部分写道："华盛顿含着笑意，伫立一旁。这是令人陶醉的时刻。想到就要告别荣耀但又喧闹复杂的政坛，他感到难以抑制的喜悦。这种渴望由来已久，现在变成了现实。他频频举杯，与周围的客人寒暄。他想到9个月前就对人说过的话，今日它们好像更能反映他此刻的心境：

'……我早就怀有的渴望，那就是告老还乡，安享天年，怀着莫大的安慰，想到自己已经在能力许可的范围内对祖国尽了最大力量——不是为了发财，不是为了飞黄腾达，也不是为了安排亲信，使他们得到同他们的天赋才干不相匹配的职位，当然更不是为了给自己的亲属谋求高官厚禄。'

他将坦然地离开这里。"

而在文章的结尾部分作者却这样写道："华盛顿哭了，他再也无法保持冷静。群众的热情他未料到如此强烈。他行至门口，转过身，人们发现，他泪

花点点，脸上的神情似是严肃，又似是悲哀。他一时说不出话，只是挥动着手向人们表示谢意，任满头白发，飘动在微风里。他会把这一瞬间感受到的一切，珍藏在记忆里。"

"华盛顿在告别权力的那一刻是喜悦的，坦然的，怎么最后又感到悲哀了呢？他为什么感到悲哀？作者这样写是否合乎人物情感发展的逻辑？"在课上我突然提出了这样一个问题。一石激起千层浪，课堂上顿时沉默了。有时短暂的沉默，恰恰是学生内在思维最活跃的时刻。我请了几位同学尝试着来回答这个问题，效果都不是特别理想。我尝试着让学生再梳理一下华盛顿的内在情感的发展：令人陶醉——难以抑制的喜悦——坦然——无法保持冷静——泪花点点，似是悲哀。接着再提问学生："华盛顿情感发展的转折是因为什么？""是因为群众的热情"，有了这个问题的台阶，学生的思路渐渐打开了："华盛顿为什么告别权力？也是为了这些群众，而不是为了个人的利益，为的是为这些民众建设民主社会，但是不能再为这样的民众服务了，他感到悲哀。""华盛顿的悲哀，真是他复杂的内心情感的真实写照，这样写显得更真实。""华盛顿的悲哀，正映照出他伟大的人格。"各种各样精彩的答案层出不穷，课堂里顿时热闹了起来……

这是一个较为成功的案例。"华盛顿为什么悲哀"是学生非常容易忽略的，从教师提出问题后课堂内短暂的沉默就可以看出学生根本就没有想到这一问题，学生的眼光主要还是集中在文章的中间部分——华盛顿为告别权力的愿望得以实现而感到喜悦、欣慰与坦然。而这一看似矛盾之处，恰是可以全面分析和把握华盛顿人物形象的切入口，能够激发学生高水平的思维，将学生对文本的理解引入更高的层次。

换一个角度来说，教师要具备"平地起波澜"、从无疑处设疑的智慧，也是非常不容易的，需要长时间的教学经验的积累，更需要较强的分析教材的能力，对语文教师来说就是文本解读能力，教师要对文本有深刻的认识、独到的见解，还要对学生的学情有相当的了解，才能把握住这样稍纵即逝的良机。

3. 形成问题链条，在追问中提升学生思维水平

问题链条是由一个主要问题和由此问题引发的一连串的追问构成的，问题之间环环相扣，通过不断的追问，将学生的思维不断地引向高水平。在课堂教学中，善于设置问题链条，或者能在课堂环境中随时生成问题链条，是一位高水平的教师应具备的教学智慧，教师需要对教学的重点、难点有精确的把握，对学生的学习情况有提前的预判，才能找到设置问题链条的起点；其次，由主要问题所引发的一连串的追问，可以预设，也可以在课堂教学的过程中根据实际情况随时生成。请看上海市特级教师陈小英老师执教的《白莽作〈孩儿塔〉序》的部分课堂实录。

生：文章第三段中写道"我所惆怅的是我简直不懂诗"，而鲁迅是伟大的文学家，这看来好像是有些矛盾的，我读过一些鲁迅的文章，了解到他的文章的精髓是鼓舞人们革命的勇气和信心，但是1936年当时的中国在白色恐怖的环境中，一些所谓的圆熟简练、静穆幽远之作其实都是虚伪的、庸俗的诗作，和鲁迅先生的思想格格不入，所以鲁迅宁愿说自己不懂诗了，也不愿意与其同流合污。

师：这个问题应该是文章的难点，但是有的同学已经理解了。其他同学对这个问题都理解了吧？

生：我理解了。但是白莽的诗是革命的诗，对反革命有讽刺和抨击，他的诗是非常激烈的，而且他的感情是非常炽烈的。对鲁迅来说，他和白莽应该是志同道合的，但他们诗文的风格完全不同，这是不是也可看作鲁迅不懂白莽诗的理由？

师：这个问题我们可以再推敲一下。"惆怅的是我简直不懂诗"，如果把"简直"去掉，与"我所惆怅的是我不懂诗"，有什么区别？

生：因为当时是在白色恐怖之下，革命处于非常艰难的时候，这时候写圆熟幽远之作不能激发民众革命的热情，是鲁迅对他们的一种讽刺。

师："简直"这个词是什么意思？辞典上说"简直"是"无异于"的意

思，我想同学们的理解是对的，鲁迅不懂的诗是那些圆熟简练、静穆幽远的，与白莽的是完全不同的那些诗。这种理解有道理，可以根据上下文来理解，但是鲁迅的文章不一定只有一种理解。大家再体会一下，"无异于"，鲁迅先生表达的到底是懂诗还是不懂诗？

生（齐答）：鲁迅是懂诗的。

师：他写过诗没有？

生：写过。

师：鲁迅写过许多诗，请说出鲁迅诗中的名句。

生："横眉冷对千夫指，俯首甘为孺子牛。"

师：多好的诗啊！"简直不懂诗"，他是为烈士的遗诗来写序言的，"无异于不懂诗"还应该对什么而言？

生：他故意这样说，以示对白莽的崇敬。

师：故意这样说，采用一种自谦的说法。写作常常是欲扬先抑，抑己扬人，白莽是诗人，"在他的面前我简直感到自己是不懂诗"，鲁迅以自谦来表达对诗人的崇敬之情。所以，要体会这里又一次出现的"惆怅"一词，这个"惆怅"的内涵恐怕要与前面的"惆怅"有所不同。

对于教学的重点、难点之处，教师一定要"重锤敲打"，不可"蜻蜓点水"，要能通过一连串高质量问题的设置，击中学生学习困难的要害、思维障碍的结点。对于形成问题链的主要问题的设置尤为关键。首先，这一问题是要针对教学的重点、难点而设置的；其次，这一问题本身必须具有一定的思维容量，必须给予学生一定的思考空间，问题不能设置过小，过小的问题难以引发其后的一连串问题；最后，教师可以事先预设主问题后的一连串追问，但更高水平的追问是教师根据学生的理解水平而临时生成的，这就需要教师有非常强的临场应变能力及组织能力。

"我所惆怅的是我简直不懂诗"这句话确实是这篇课文理解上的一个难点，在学生已经对之有相当程度的理解的基础上，陈老师以"'惆怅的是我简直不懂诗'，如果把'简直'去掉，与'我所惆怅的是我不懂诗'，有什么区别?"为主要问题,逐渐将学生的理解导入更深层次,在肯定了学生的理解后,陈老师进一步追问"辞典上说'简直'是'无异于'的意思……'无异于',鲁迅先生表达的到底是懂诗还是不懂诗""'简直不懂诗',他是为烈士的遗诗来写序言的,'无异于不懂诗'还应该对什么而言?"两个问题,终于有同学意识到鲁迅故意说自己不懂诗是一种自谦,以此表达对白莽的崇敬之情。经过这一连串的问题,学生对"我所惆怅的是我简直不懂诗"这句话的理解由开始的"鲁迅先生不愿意与虚伪的、庸俗的诗作同流合污""鲁迅对圆熟幽远之作不能激发民众革命的热情的一种讽刺""鲁迅的诗的风格与白莽不同,因而说自己不懂诗",深入到"鲁迅以自谦的说法表达对白莽的崇敬之情",并且引出了一个新的值得探讨的问题——"此句中的'惆怅'与文首的'惆怅'的内涵有何不同",展开下一个更深层次的讨论。

(三)运用可视化教学,让彼此的思维看得见

课堂教学的过程是教师和学生思维活动的过程,思维贯穿于整个课堂教学过程,没有高质量思维活动的课是低效的。但思维又是内在的,教师如果能够观察到学生在课堂教学过程中的思维活动,就能找到学生学习过程中的思维结点,就能把握学生的思路,对学生的整个学习过程就有了实质的了解,有利于教师发现问题、解决问题,更有效地指导学生学习。学生如果能观察到教师的思维,也有利于自身把握教师的课堂教学思路以及教学内容的重点和难点,提高学习效率。

一方面,教师要力求在课堂教学中运用甚至是自己创造出必要的手段和方法,来观察学生在学习中的思维过程,这对增强教学效果、提升教学效率将起到极大的作用。如本书开头部分的"闪耀教学智慧的几个镜头"中"镜头四"所叙述的教学案例,一位美国的小学教师利用两张图示,引导小学一年级的学生在一堂课中集体完成了一篇作文。在美国的中小学课堂上,正在大量地运用"思维可视化教学"。所谓思维可视化是指运用一系列图示技术把本来不可视的思维(思考方法和思考路径)呈现出来,使其变成清晰可见的

过程。可视化的"思维"可以有效提高课堂教学中信息加工及信息传递的效能。

"思维可视化教学"中出现了各种各样的图示技术，如思维导图、模型图、流程图、概念图等。以思维导图为例，思维过程是在头脑中对事物进行分析、综合、比较、抽象、概括、分类、推理、因果分析等过程，而基于人的大脑接受机制，思维导图分为八种类型，分别对应人在思考时的八种基本思维过程：

Thinking Maps

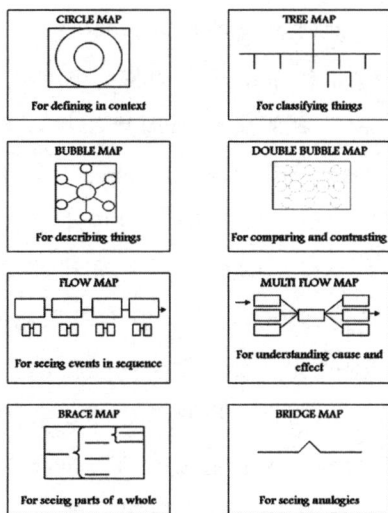

图 3 - 2　思维导图

圆圈图（circle map）用于文章中的定义；

气泡图（bubble map）用于描述事物；

双气泡图（double bubble map）用于比较和对比；

树型图（tree map）用于事物的分组和分类；

括号图（brace map）用于分析、理解事物整体与部分之间的关系；

流程图（flow map）用于列举顺序、时间过程、步骤等；

复流程图（multi-flow map）用于展示和分析因果关系；

桥型图（bridge map）用来进行类比、类推。

在语文课的阅读教学中，利用这八种图形可以帮助学生理清作者的写作思路，更有效地理解文章内容；在写作教学中，利用这八种图形亦可以帮助学生梳理自己的写作思路，将内在的写作思路外化为直观的、可视的图形，有利于使文章的思路更加清晰，结构更加严谨，教师也能清楚地观察到学生的写作思路。那位美国小学教师在课堂上用的其中一张图示，就是"思维地图"中的"气泡图"，这种图示有利于学生围绕一个中心，开展头脑风暴，有利于学生发散思维的培养，同时又限定了中心，这位教师用此图示来指导学生如何在写作中打开思路，围绕中心进行选材。

"镜头四"所叙述的教学案例中教师运用的另一张图示——交通信号灯图，其本质是一种叫作"要点图"（anchor chart）的海报，它在国外的应用要比思维地图这一类的图示更加普遍，在国外中小学教室里，"要点图"经常挂得琳琅满目，任何与学习有关的概念、方法和问题，都可以画成"要点图"，其最直接的作用就是把知识、逻辑、思维视觉化地呈现出来，帮助学生把信息图表化、形象化、要点化，帮助学生快速梳理思维，领略重点。"要点图"不仅能帮助学生，也可以帮助教师理清思路，掌握要点。"要点图"能使学生的头脑里既有生动的形象，又有清晰的结构和条理。

在国内，越来越多的教师将一些可视化的教学手段运用到自己的教学中。笔者曾经听过一堂本校高三化学复习课，执教的教师要求学生利用教师给出的图示，或者自己设计图示来整理一个章节的内容和重要知识点，课堂效率相比于教师单纯的讲解大大提高，积极发挥了学生学习的自主性和创造性，让学生主动积极地建构和生成知识，学生可以把知识点串联或并联成一个完整的知识网络，记住这张网络图示，使思维运转速度更快，更透彻地理解知识。同时，教师也可以通过学生设计的图示，形象而直观地了解到学生对这一章节学习内容的掌握情况，可谓一举两得。

图 3 - 3　学生设计的部分图示

可视化的教学手段，可以运用现有的一些图示图例，也可以根据教学内容和学生情况进行精心设计，还可以对一些传统的教学手段加以改进。比如作文教学中指导学生列写作提纲，提纲本身也是一种图示，也能够反映学生的写作思路；数学、物理教师在课堂上让学生当场在黑板上解题，也可以视为一种可视化的教学手段，教师可以从学生的解题过程中直观地发现学生思维上的问题等。

另一方面，教师也可以通过各种手段和方法，让自己的教学内容和教学思路变得显性而可视，让学生比较容易地理解自己的教学意图、教学内容，跟上自己的教学思路。比如板书就是一种传统而又大有可为的手段和方法。有经验、有智慧的教师特别重视课堂板书的设计和书写，板书可以说是最传统的可视化教学手段，它依然可以在今天的多媒体时代发挥它独有的功效。板书是教师教学能力素养的重要表现，对课堂教学效果有重要的影响。优秀的板书设计可以起到提纲挈领的作用，能体现教师的教学意图，理清教学思路，突出教学重点，深化教学内容，尤其是板书形象而直观，便于加深学生的印象，巩固学生的记忆。

板书是课堂教学过程的精华的浓缩，板书的设计和书写是教师教学智慧的直观反映，优秀的板书具有以下几个特点：简、美、思。

简，即简洁。板书要简洁明了，可供书写板书的空间有限，因此板书的文字必须精挑细选，概括精练、准确适当地反映教学内容中最精华的部分，言简义明，恰到好处，便于学生根据板书内容联想出整节课的知识，回顾整堂课的教学内容。

美，即美观。优秀的板书给学生以审美的感受，是形式美和内容美的和谐统一，科学性与艺术性的完美统一。文字书写、构图造型之美，语言精练、内容完备之美能给学生带来视觉和心理上的美感。

思，即思考。优秀的板书简洁美观，能够直观地表现教学的重点内容、教师的教学意图和教学思路，并能引发学生进一步的思考。于漪老师《变色龙》一课的板书设计就是一个典型。

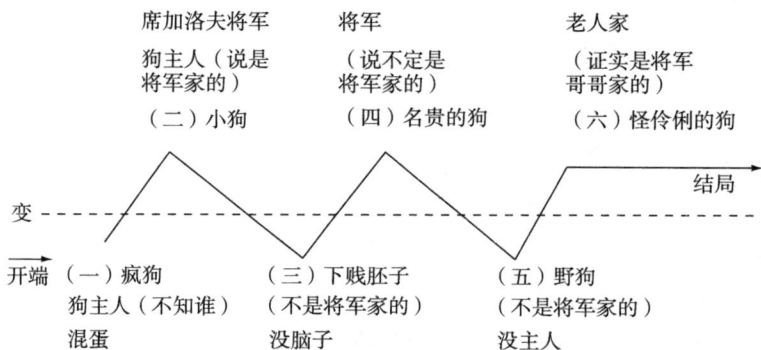

图 3 - 4 《变色龙》板书

于漪老师在《〈变色龙〉板书及教后反思》一文中写道："设计板书主要考虑用两条线来表示多变的现象与不变的本质。多变的现象用波浪形的曲线来表示，不变的本质用直线来表示，多变的现象由不变的本质所决定。"这一版书设计清晰地展示了课文的主要内容，教师的教学重点——揭露小说主人公奥楚蔑洛夫的本性，教师的教学意图——揭示"多变的现象与不变的本质"，简洁明了，内蕴丰富。于老师的板书当场就引发了学生的质疑，个别学生认为用等距的波峰、波谷不能确切地反映作品主人公心情的变化。通过讨论，学生的理解深入了一步：随着故事情节的发展，主人公在"变"的进程中也在变化，不应该用等距离的波峰、波谷表示，应该频率越来越快，距离越来越短，这样才能活画出这个势利小人的卑鄙灵魂。学生不仅深刻理解了板书，更由板书引发了深层次的思考，对教师的板书提出了质疑，并能给出合理的理由，显示了高水平的思维品质，由此可见优秀的板书设计对学生思维产生的积极效应。

再看陈小英老师执教的鲁迅的小说《药》一课的板书设计。

提问：刚才我们分析了茶馆里出现的人物形象，如果要列出一张人物关系表，根据人物间的矛盾冲突，你觉得该对板书做怎样的调整补充？

原板书：康大叔

华老栓

茶客

夏瑜

现板书：

	康大叔、牢头阿义、夏三爷
夏瑜	华老栓、华大妈、小栓
	花白胡子、驼背、二十岁青年人
	夏四奶奶
（孤独的革命者，不被理解的革命）	（落后愚昧、麻木的国民众生相）

原板书中，人物之间是孤立的，看不出矛盾冲突，而经过学生的讨论后，调整补充的新板书中人与人之间的矛盾冲突清晰可见：夏瑜作为一个先驱者、革命者，是彻底孤独的，在那个社会环境下四面楚歌，四面受敌，与他周围所有的人、所有环境对立；而他的对立方不仅来自合乎逻辑的敌对阵营——封建政权及其维护者，更可悲的是来自自己为之献身的民众，甚至自己的母亲都无法理解他的行为。这是怎样的悲剧？鲁迅说："悲剧是将人生有价值的东西毁灭给人看。"夏瑜之死是真正的悲剧，可

见辛亥革命是一场值得反思的革命，它不是"良药"。按照这样的路走下去，不仅不能改造社会，而且只能使革命者做无谓的牺牲。所以必须寻求新药，开辟新路。板书的修改与讨论引发学生对小说的题目为何为"药"以及小说主旨的深入探究，形象直观，又加深了学生的印象。

总之，可视化教学在课堂教学中的运用是一片大有可为的新领域，教师的教学智慧能在此大有用武之地，运用和开发出有效的手段和方法，让师生之间彼此的思维看得见，大幅提升课堂教学效率，这是多么诱人的动机与前景。

（四）师生有效互动，让学生真正动起来

课堂教学是师生互动的过程，是师生双方在教学过程中思想和情感的相互交流和信息的传递，也是一个相互沟通、相互理解、相互启发的过程。随着课堂教学的改革、教学理念的深化，教师已经逐渐认识到师生互动对增强教学效果、提升教学效率的重要影响。表面上的一问一答、你问我答，不一定是真正的、有效的互动，能够让学生多角度思考，在探索、思考、沟通、交流的过程中获取知识、提升思维，才是有效互动。请看上海市市东中学李昂老师的教学案例。

第一次授课："很好，请坐！"——学生不是知识意义的主动建构者【A 环节课堂实录 1】

（教师演示 PPT，交流学生预习中的心得与困惑）……

师：有同学认为："文章第一段的内容似乎与其他段落没有关系。"请问：有多少同学同意他的观点？

（大多数学生低下了头，选择沉默）

师：请一位同学谈谈他的看法好吗？说错没关系。

（又一阵沉默。终于有一位男生抬了头，教师鼓励该生回答）

师：××同学，你说说看。

生 1：我觉得这是"正反对比"。

师：你说得很好，请坐。还有谁想发言？

生2：我认为这是"欲扬先抑"。

（该生顿了一下，似乎想说什么又说不下去）

师：很好，请坐！

（看到对话难以继续，教师顺势接过话题）

师：文章虽然是借助于作者的遭遇来推进，是行文线索，事实上也反映了作者在不同阶段对人生的认识。从全文看，作者对母亲的爱由不理解到理解，是认识"爱"的过程。无论从结构还是内容上看，第一段的内容都是合理的。

（教师进一步补充说明，提高了声音。说的过程中，学生埋头记录，本环节结束）

第二次授课："优等生唱戏"——没有注重搭建思维的脚手架【A 环节课堂实录 2】

师：有同学认为："文章第一段的内容似乎与其他段落没有关系。"而且有这样想法的同学不在少数。请同学们思考两分钟，不论你是否同意，都请说出证明你观点的理由。

（短暂沉寂后，几位学生举了手）

师：××同学，你来说说你的看法及理由。

生1：第一段写的是作者十岁时的事情，是回忆的起点。

师：你为什么这么说？

生1：文章的很多段落都提到了作者的年岁，看起来是有时间顺序的。

师：不错，还有其他看法么？

生2：我认为第一段的气氛与全文气氛不搭调。

师：怎么不搭调？

生2：第一段是温馨快乐的，后面则是沉郁悲伤的。文章情绪不统一，有点奇怪。

师：嗯，有道理。谁还想发表意见？

生3：这是一篇回忆母亲的散文，回忆作者与母亲的点点滴滴。作者是位作家，对与写作有关的事情印象更深刻，所以写进来，不矛盾。

生4：但这里母亲是反对写作的呀，难道不有损文中母亲形象？

（有同学插话，显然不服，进行反驳）

生3：在第一段里，作者的母亲并不支持作者写作是因为那时作者还是个健康的孩子，母亲泼冷水的目的是让孩子不骄傲。后文母亲鼓励他是因为作者残疾之后，失去了生活的希望，母亲希望他振作起来。这是不同时段采取的不同态度，都表现了她对孩子的爱，不矛盾。

（该学生补充说明，其他同学似乎被他说服，不再作声）

师：×同学（生3）看书很细致，说得很好，前面几位也很有想法。综合起来看，文章借助于作者的遭遇来推进，事实上也反映了作者在不同阶段对人生的认识。从全文看，作者对母亲的爱由不理解到理解，是认识"爱"的过程。无论从结构还是内容上看，第一段的内容都是合理的。

第三次授课：面向全体，有意引导——创造最邻近发展区【A 环节课堂实录3】

（教师抛出问题后，先提示学生针对散文"形"与"神"的关系深入思考，再引导他们以圈画关键词句的方式细读文本。很快就有多位学生举手）

师：××同学，说说你的想法和理由，注意回答要符合文本解读的规律。

（我特意选择了一位语文基础一般的男生）

生1：从文中多次出现时间词汇可以看出，本文以时间发展顺序为线索。第一段展现母子俩曾经有过一段轻松快乐、无忧无虑的生活，这与后来陷入人生困境、形成压抑的气氛形成对照。

师：很好。那么，你觉得作者这样安排的目的是什么，还能说下去吗？

生1：……作者想要表现母子情深。母亲已经去世，用这样的对照更能表现他此时内心的悲痛。

师：回答得非常好！从关键字词中梳理出文章的结构，进一步分析出内容与主题的关联，思路清楚！还有谁愿意发言？

（教师有意梳理回答思路，便于其他同学领会，也有利于该生巩固记忆，

增强自信）

生2：这篇文章刻画母子亲情。但我觉得字里行间渗透出作者面对母亲无私的爱感到无法报答的悔恨。第一段突出母亲年轻时争强好胜、不免孩子气的性格，那时的母亲率真可爱，这与后文中母亲因操劳而早逝的可敬形象构成对比。

师：你与××（生1）的回答同中有异。能不能从"文章中心人物的塑造对主题表现的作用"角度为我们做一下梳理呢？

（该生停顿了一会儿，没出声。这时，旁边有几位同学小声提示他）

生2：本文中，母亲的形象不是一成不变的，这些改变紧紧牵系在儿子命运的变化上。从率真可爱到忧郁压抑，她的早逝是因为生活的操劳、精神压力大，表现出母爱的伟大。

师：嗯。主要人物命运的变化、性格的刻画，为的是表现文章主题。还有别的意见么？

（生3小声说）

生3：文章的开头，对母亲的可爱的描写增强了文章的吸引力。

生4：不对！刻画人物应选择最典型的细节，第一段刻画出的是一位热爱生活的母亲，这样的母亲却英年早逝，给作者的震撼极大，突出作者对母亲的感激和歉疚。但不能说"增强了文章的吸引力"。

（同学们议论开来，大多支持生4。生3说的是套话，但我不希望打击他回答问题的积极性）

师：这个讨论很有价值。文学创作中，主题的表现永远是最重要的，一切手法都为主题的表现服务，而非只是为了把文章写得漂亮。这样吧，不如改作"增强了文章的表现力"，与××（生4）的观点结合起来，你看怎样回答？

（教师给了提示和修补回答的机会）

生3：作者用富有生活情趣的细节刻画出一个"可爱的母亲"，与后文母亲的苍老形成了强烈反差，不仅写出自身感受，也感染了读者：理解母爱伟大、懂得感恩，且要及时回报。在客观上的确增加了艺术魅力。

同样的教学环节，同样的教学内容，由于教师高质量的对话互动策略的导入而产生了截然不同的课堂气氛和教学效果——学生从被动回答提问到积极思维、发表独立见解，再到生生之间互相反驳、互相补充，回答的质量越来越高；教师由无奈地提高音量公布答案到适时点拨、有意引导，调动更多学生参与到教学对话中，张弛有度而游刃有余。李老师的这个案例，对教师如何运用自身的教学智慧开展课堂教学的有效互动带来了很多思考。

第一，师生互动，眼中要有全体学生，不仅要关注优秀生，还要关注到不同层次的学生。第一次授课，学生基本没有动起来，而第二次授课，部分优秀生动了起来，第三次授课时，教师有意识地面向全体学生，将问题抛出后特意挑选一位语文基础一般的同学第一个来回答，并做了及时的引导、梳理和肯定。教师在课堂上如果长期只与某些优秀生展开互动，冷落了其余的学生，长此以往，这部分学生就会成为课堂的"旁观者"，他们不会主动地投入与教师的互动中，他们的思维和能力就得不到应有的训练与提升，而且会形成一个恶性的循环——越不说，越不敢说，渐渐地就成了课堂上被遗忘的一群人。

第二，教师在师生互动过程中要发挥主导作用，教师应该是教学过程的组织者、指导者、帮助者、促进者，而学生是知识的主动建构者。不能因为重视学生的主体作用而忽视教师的主导作用，没有教师有效的引导，是很难实现真正的师生互动的。教师在与学生互动的过程中不能放任自流，而应组织、指导、帮助、促进，教师的引导不是将学生导向固有的答案，而是在学习方法、思考角度方面给予充分的引导，让学生自己去寻找答案。如第三次授课时，教师在抛出问题后，先提示学生针对散文"形"与"神"的关系深入思考，再引导他们以圈画关键词句的方法去细读文本，在师生对话中也有类似"能不能从'文章中心人物的塑造对主题表现的作用'角度为我们做一下梳理呢？"这样有意识的引导，这些都是方法、技能等方面的引导。由于教师在教学中的引导的质量不同，三次授课的效果也截然不同，第一次教师给出答案，第二次在学生发言的基础上总结答案，而第三次在教师的引导下学生自己找到答案。

第三，教师在互动的过程中不仅要给予学生及时的鼓励和肯定，更要给予学生充分的理由和依据。第一次授课中，两次"很好，请坐！"的表扬看似对学生的回答做出了肯定性、鼓励性评价，但学生并不知道自己的回答好在哪里，课堂气氛还是无法调动起来。而第三次授课中对某一学生的回答不仅给出了"回答非常好！"这样及时的表扬，而且及时肯定了学生"从关键字词中梳理出文章的结构，进一步分析出内容与主题的关联，思路清楚！"。教师有意梳理了该生的回答思路，既便于其他学生领会，也有利于该生巩固记忆，增强自信，这比单纯的一个鼓励收到的教学效果肯定要好得多。

第四，民主的课堂氛围是有效互动的必要保证。教师要通过问题的设置积极引导学生，鼓励学生提出多元视角和不同意见，在互动中努力营造民主的课堂气氛，为学生创造质疑的机会和条件，鼓励学生敢于向老师、向同学提出不同意见，给予学生质疑的勇气。教师的提问和沟通技巧对于民主课堂气氛的营造是尤为关键的，教师在提问之后，要给学生提供一定的思考间隙、节奏和空间，而不能急于求成，问题提出后立即就让学生回答，对学生的回答不满意时，就急于抛出自己的答案，这实际上是对学生参与师生对话的一种打压，教师还是保持了一种居高临下的姿态。教师提问时应该面向所有学生，应当有适当铺垫，对中下层次能力的学生也有所关注；在学生答问以后，跟踪提问，追问论据和理由；鼓励学生与学生之间的互动，等等。这些都有利于营造民主的课堂气氛，激励更多学生参与到课堂对话互动中。

（五）起承转合，动静相间，波澜起伏，精心安排教学结构

课堂教学结构是指课堂教学中各项教学内容、环节、活动的组织与安排。上课如作文，精心设计的文章结构能够让精彩的文章内容更好地呈现，一堂精彩的课亦离不开精心设计的教学结构。清晰明了、详略得当、张弛有度、动静相间的结构安排，能够赋予课堂教学以和谐的节奏感，调节学生的学习心理，让学生既感受到学习的乐趣，又能得到美的享受，起到优化教学、提高教学效率、增强教学美感的作用，由此而产生良好的课堂教学效果。

教学结构的安排要以教学内容为依据，最基本的原则是要合乎教学内容

的内在逻辑，由易到难，由浅入深，由一般到特殊等，同时兼顾学生的接受心理。

1. 起承转合，使教学变得更流畅

起——导入阶段，教师引入教学内容，明确教学要求、教学目标；承——围绕教学目标，进一步展开具体的教学活动；转——深入一层，进一步拓展和深化教学内容；合——课堂教学的总结。教学内容的安排要有一定的逻辑顺序，或由浅入深，或由易到难，或由一般到特殊等。每个部分之间比例的安排、时间的控制都要有精心的设计，就如同文章每一部分的篇幅要有所控制，要讲究详略得当一般；其次，各个部分之间还应有自然的过渡，或通过问题的串联，或通过练习，或通过活动，都要精心设计，使每个部分有机地融合，一堂课是一个整体，而不是互相机械割裂的几个部分；最后，每个部分又应该根据学生的心理和教学内容的需求精心设计，发挥相应的教学效果。正如于漪老师所说："课的起始阶段犹如一篇文章的开头，需要反复斟酌，让学生的思想兴奋起来……课中要张弛结合，学得愉快，课的结尾力求余音绕梁。"

2. 动静相间，灵活运用各种教学方法

一堂课上，学生的思维和心理不可能始终处于兴奋的状态，教师要灵活运用各种教学方法来调节学生的思维和心理。"动"，即学生积极参与各项教学活动——问答、朗读、讨论、争辩等，情绪高昂，思维活跃。"静"，即在相对静态的课堂氛围中专心听讲，思考问题。课堂教学中要灵活运用各种教学方法，穿插交错——读读讲讲，想想做做，练练议议，整堂课静中有动，动中有静，动静相间，动静结合。在动静交错之间，学生时而安静，时而活跃，思维和情绪始终处于适度状态，从而获得最佳的学习效果。

3. 波澜起伏，让教学张弛有度

"文似看山不喜平"，平铺直叙的文章是很难吸引人、打动人的。文章要有波澜，课堂亦要有波澜。教师必须将学生的心理特点和思维规律与教学的

重点内容结合起来，设计出课堂教学的若干个"浪峰"与"波谷"，以曲线式的节奏推进课堂教学，以一张一弛的节奏安排课堂教学结构，使课堂教学呈现波澜起伏的变化态势。

以下以上海市新中初级中学邢婕老师执教的《雁》一课为例进行说明。

表 3 - 1 课例设计表

教学进程	多种教学方式的使用		教学节奏
	教师	学生	
导入	多媒体使用（梁祝） 议论"爱情"话题，导入新课	个别发言（回忆梁祝故事）	较快、静
整体感知		自读课文 个别发言（概述故事情节） 集体点评	稍慢、动
深入研读	提问（1：读完课文，最让你感动和震撼的场景是什么？）	个别发言	较快、静
	提问（2：两只大雁为什么最终选择了自杀？）	个别发言	较快、静
	提问（3：大雁对爱情的执着、对自由的向往，在文中还有哪些地方能体现出来？请圈画批注对大雁动作、心理进行描写的语句。） 板书归纳：大雁的人物形象。	圈画批注 小组交流 集体交流 重点语句个别朗读 重点14段集体朗读	慢、动
	提问（4：对于大雁最终的选择，你有何看法？）相关知识补充：裴多菲和元好问的名言。	集体交流	较慢、动 较快、静
拓展迁移	请你以"大雁或张家夫妇，我想对你们说"为题，谈谈自己读了此文的感受。	当场练笔	较快、动

起——以音乐、梁祝的故事和议论"爱情"导入；承——自读课文，复述故事情节，整体感知课文；转——深入研读课文的重点内容，是整堂课的高潮所在；合——以学生当场练笔、拓展迁移做结。各个部分的时间安排合理，把时间主要安排在对课文的深入研读处。由整体感知到局部感悟，再到拓展迁移，教学内容的安排具有清晰的逻辑层次。灵活运用多种教学方法、设置多种活动——自读课文、个别发言、圈画批注、小组交流、集体交流、重点朗读、当场练笔等，形式多样，动静相宜。整堂课的结构安排流畅有序、张弛有度，富有节奏感；活动的展开层层推进、环环相扣；学生的学习愉快、主动，学有所获，因而产生了良好的教学效果。

（六）精雕细琢，锤炼教学语言

语言是传达信息、交流情感的重要工具。教学语言是教师传授知识、指导学习、开展师生互动的重要工具。教师不仅要将所教授的知识准确、清晰地传达给学生，而且要使它们便于学生接受和理解。教师的语言亦是教师综合素养的表现。语言的背后是思维，语言的表达亦是思维的表达，教学语言是教师课堂教学内在思维的外在表现；语言是思想的外壳，形象的描述、深刻的分析、清晰的讲解是教师深厚知识素养的外在表现。语言是情感的传递，可以激发学生的学习兴趣，鼓励学生积极参与师生互动。因此，教学语言是课堂教学中最重要、最核心的工具与手段。

1. 简洁精练，没有杂质

教学语言切忌拖泥带水，啰唆重复，特别要避免个人平时口语中的口头禅——"知道了吗？""懂了吗？""是这样吗？"……有些口头禅在课堂教学中高频率出现，使学生心理上产生严重不适，严重干扰了学生的听课效果，降低了教学效率。于漪老师曾经讲过一个有关的故事：学校请来一位演讲者做报告，结束后，于老师一边和学生走出礼堂一边说："今天的报告内容不错，谈到了学生如何求知、如何成长……"；一个调皮的男生冲着于老师说："好什么呀，他讲了一百五十多个'这个'，其他我什么也没有听到"，说着打开练习簿，上面画满了计数用的"正"字。可见，不好的语言习惯有多么大的危害，甚至能掩盖教师所讲述的内容。因此，教师首先就要清除自己语言中的杂质，净化自己的语言，改变不良的语言习惯，至少要让学生听起来舒服，让学生能静下心来仔细听讲，避免受到不必要的干扰。

2. 通俗易懂，亲切友好

教学语言是一种特殊的语言，是口头语和书面语的结合，是一种加工过的口头语。于漪老师初为人师时，在备课时，把上课要用的每一句话都记下来，然后自己修改，删除不必要的字词句，改掉不合逻辑的地方，再全部背下来，然后再口语化。教学语言要有利于学生听讲，使学生在一种轻松自如的状态下听课，要易于接受和理解，通俗易懂而不粗俗，亲切友好而不佶屈聱牙。

通俗易懂，要求教师首先对自己的教学内容有深入的理解，而不是照本宣科，把书本上的知识直接念给学生听，否则和学生自己阅读书本有什么区别呢？教师的作用不就是一个"传声筒"了吗？因此，教师首先要深刻透彻地理解所教学的内容，了解学生理解上的难点和障碍在哪里，然后设计自己的教学语言，要能够深入浅出，用最浅显易懂的语言讲解。

讲课不是"背课"，日常教学中，我们听一些青年教师的公开教学课时，会明显地感觉到教师是在"背课"，大段背诵事先准备好的文段，语言非常精美，遣词造句也非常讲究，给听者的感觉却是把自己准备好的教案一股脑儿地背诵下来，而不是在讲课。这样的教学语言过于以教师为中心，不够亲切友好，会与学生之间产生感情和心理的隔阂，不利于激发师生之间的互动，而且过于书面化的语言更是不利于学生的听讲的，书面语是用来给学生阅读的，阅读是可以有更多的思考空间的，学生可以反复阅读，仔细品味，而课堂上学生主要靠听来接受教师的语言信息，没有时间反复思考理解，因此教学语言要既有严密的逻辑，又能够符合听者的心理，亲切友好，通俗易懂。

3. 形象生动，幽默风趣

抽象的说教枯燥乏味，而形象生动、幽默风趣的语言能使学生的兴趣盎然，记忆深刻。适当地运用一些比喻、类比，讲一个小故事，说一段顺口溜，开一个小玩笑，往往能收到意想不到的课堂效果。

教师在课堂上要善于运用比喻、类比。我国古人是非常善于形象化说理的，诸子百家中的孔子、孟子、庄子等都非常擅长在说理中取譬设喻，化抽象为形象，留下了很多精彩的片段，很多经典的古代散文同样也是大量地运用比喻、类比，形象生动而又富有哲理。许多古代的思想家、哲学家同时是教育家，很多经典的片段也是他们在教育自己的弟子时所运用的，这应该也能为当代教师的教学带来启示。例如，政治教师以古人用"橘生淮南则为橘，生于淮北则为枳，叶徒相似，其实味不同，所以然者何？水土异也"类比"今民生于齐不盗，入楚则盗，得无异于楚之水土使民善盗耶"的思想，来教学哲学中抽象的"内因和外因的辩证关系原理"。

尤其在理科教学中，教师讲到某个抽象的定义、概念、原理、定律时，可以通过比喻、类比，化抽象为具体，以便于学生理解掌握。如有物理教师在教学影响导体电阻大小的因素时，把电流流过导体比喻成一个班级里的学生在下课后都要走出教室到操场上做课间操的活动，由于教室门是固定不变的，当学生同时从教室门一涌而出时会感觉特别难以出去，这是由于教室门的横截面积小造成的，如果把教室门变大，学生一起通过时要相对比较容易些，这就是横截面积变大后阻力变小的原因。通过以上的比喻与类比，可以得出"电阻横截面积越大，电阻越小，反之，横截面积越小，电阻越大"的结论。一个形象的比喻与类比胜过教师罗列一大篇的文字对一个物理问题或现象进行说明与解释，而学生也会通过教师的形象比喻与类比抓住物理现象的根本与实质，并很容易地加以理解与接受，从而大大提高了教学效率。

小故事往往短小精悍，生动有趣，学生爱听乐听，教师在课堂上画龙点睛地穿插个小故事，能调节课堂气氛，激发学生的兴趣。语文课上，常用一个有关课文或者作者的故事来导入课文，或交代写作背景，或介绍作者身世，或设置悬念，激发学生阅读的兴趣；物理、化学课上，科学家的小故事可以引发学生探究相关科学知识的兴趣。

课堂教学中，教师有时可以编一两句顺口溜来突出中心和难点，以利于学生记忆。如有数学教师在高三最后阶段的复习课上，以"条件等式和与项，首先弄清大方向；一条公式两作用，n 的范围不一样；递推整理要到位，符合定义公式推；定义不符想点啥？叠加叠乘构造法；诸法不灵还有啥？最后还有归纳法"这样一个顺口溜来总结某些数列的通项公式的解题思路，朗朗上口，便于记忆，利于操作，收到了良好的教学效果。

幽默风趣的语言是教师学识、智慧、灵感和思想的体现。苏联教育家斯维特洛夫认为："教育家最主要的也是第一位助手，就是幽默。"美国教育家保罗·韦地博士曾对 9 万多名学生进行了调查，从中归纳出教师应具备 12 种素质，其中第 7 项即是：教师的语言要有幽默感。幽默风趣的教师是最受学生欢迎的教师。风趣幽默的语言可以活跃课堂气氛，利于学生学习，收到寓教于乐的效果，有时幽默风趣的语言也可以用来及时处理和应对教学中的"突发事件"。

巧用幽默，激发兴趣，加强记忆。有位教师在讲解双关这一修辞手法时，巧妙地运用了一则广告牌上的广告语——爱我中华。根据法律规定，烟草是不能做广告的，可是学生在来校路上一路都会看到"爱我中华"的广告牌，大家开始时都误以为是公益广告，仔细一看，广告的背景是中华烟烟壳上的天安门和华表，色彩、图案一模一样，加上广告语"爱我中华"，"爱我中华"在广告里的另一层意思就变成了"爱我中华烟"。广告商利用意义双关的手法，钻了空子，打了擦边球。"同学们，中华我们要大爱，中华烟就不要爱了啊。"一阵笑声中，学生理解了什么是双关修辞手法中的意义相关。接着，教师又举了两个广告的例子来加强学生的理解和记忆："××皮鞋，足下生辉"，这是利用了"足下"在古汉语中还有"您"的意思而一语双关；"××打印社，不打不相识"，"打"在此处既有"打印"的意思，还有"打交道"的意思。短短几分钟内，因为教师的风趣幽默，学生在轻松愉快的气氛中掌握了相关的知识点，而且以后学生只要想起这个片段，就能迅速联想起相关的知识点。

巧用幽默，化解"危机"。课堂教学中，有时会发生一些突发事件，巧用幽默则可以轻松化解。一位物理教师请两位学生来帮助演示证明大气压存在的实验——马德堡半球，由于准备工作有误，两位学生用力拉了一会，球竟被拉开了，实验失败了。情急之中，这位教师轻松幽默地说："当年用了八匹马都未能将它拉开，早知道你俩比八匹马的力气还大，我就该换一个较大的马德堡半球。"该教师在笑声中化解了"危机"。

教师要正确使用幽默风趣的语言，才能发挥它的最大魅力。一是格调要高，不可俗用，幽默风趣与油嘴滑舌、哗众取宠是有严格区别的。幽默风趣的语言要用得恰到好处，要幽默而不粗俗，有个别教师为了追求轻松快乐的课堂气氛，插科打诨，人为制造气氛，甚至运用一些网络语言或不严肃、不规范的语言，使课堂教学语言变得粗俗而轻浮，这是应该极力避免的。二是紧密结合课堂教学，不可滥用。幽默风趣的语言是教师智慧和灵感的外现，是厚积薄发的结果，因此教师必须首先加强语言文化的修养。

4. 抑扬顿挫，富有节奏

平铺直叙的文章使人生厌，不能激发阅读的兴趣，平淡而没有变化的语言也无法激发学生听讲的兴趣，用同样的音调、音量、节奏从头讲到尾，便会使人昏昏欲睡。教学语言应该根据教学的内容、教学的需要而有所变化，讲解教学的重点、难点时要适当提高音量，放慢语速；而在启发学生思考、与学生对话交流时，可以适当降低音量，语气和缓，避免给学生以居高临下、咄咄逼人之感，而压制了学生表达自我观点的积极性。要让教学语言富有节奏感，教师要注意句式的变化，要长短结合，整散结合，繁简结合，在非必要的时候尽量减少长句，多用短句，只有在讲解某些内容，比如某些概念的讲解需要非常严密精准时，可以适当使用长句，否则，语法结构复杂，修饰性、限制性成分多的长句，很容易使学生产生听觉疲劳且不易理解；在课堂的高潮之处，教师可以适当地使用些整句，采用对偶、排比等修辞方式，不但使语言富有节奏感，而且能够形成一定的语势，激发学生内心的情感。

以于漪老师执教的《人民英雄永垂不朽》一课的导语为例："每位同学的图画书里都有这样一幅画——人民英雄纪念碑。当你们看到这幅画的时候，曾经想到过什么呢？我在一个阳光洒满天安门广场的上午瞻仰过人民英雄纪念碑。啊！巍峨啊，它有十层楼那么高，看到它，先烈们的高大形象如在眼前；坚硬啊，花岗石，汉白玉，那样庄严，那样雄伟，象征着革命先烈意志如钢。站在纪念碑前，忆中国革命所经历的艰苦岁月，看现在新中国成立后的幸福生活，崇敬之情油然而生。我深感一定要继承先烈的遗志，在新长征中勇往直前。现在让我们随着作者的活动顺序和碑的方位顺序，认识和瞻仰人民英雄纪念碑，接受革命传统教育。"这一段话，句式的变化、句子的参差有致形成了抑扬顿挫、高低起伏的节奏感，加之于老师调控得当的音量变化，时而舒缓徐慢，时而高亢激奋，时而停顿间歇，时而一泻千里的语调语速，给学生带来了美的享受。[1]

5. 展现个性，融入学科

教师应努力在教学语言中展现自我的风格与智慧。教师的教学语言既要符合一般的、共同的要求，又要努力形成自己的个性特色。教师的个性特点、人格气质、专业素养、文化修养各不相同，这些都是形成自己个性化教学语言的基础。每位教师完全可以根据自己的性格、气质、专业，形成自己的独特的教学语言风格，或清晰流畅、逻辑严密，或感情丰沛、以情动人，或要言不烦、干脆利落，或风趣幽默、引人入胜。

无论怎样的教学语言，最终的目的都是为了完成学科教学任务。由于学科性质的不同，教学语言也应符合学科各自的性质特点。同样是语言学科，语文教师教授的是母语，此外还有文学作品阅读和写作的教学，因此语言既要合乎规范，又要有文化含量，富有文采；英语学科教授的是外语，教师的语言更强调准确和规范。理科学科本身科学性较强，课堂上就要运用更为纯粹的学科语言，准确、简洁、科学，富有逻辑性，来不得丝毫含糊，出不得

---

[1] 陈小英. 守望杏坛 [M]. 上海：上海教育出版社，2010：32.

半点差错，无论教师的教学语言如何丰富、幽默、亲切感人，只要在相关知识讲解上出现错误，就前功尽弃，因此理科教师的学科语言更要求教师对自己所讲述的内容有科学、准确的理解和把握，而后能科学准确地表达出来，这是最基本的原则。

于漪老师的教学语言情真意切，语言优美，文采斐然，变化多端，富有自己的个性特色。作为语文教师，她的语言对学生来讲是一种垂范和榜样，使学生的听课成为一种美的享受，使他们充分感受到汉语的魅力。她汲取了古典文学的精华，储存丰厚，底蕴足，教课时会根据教学需要信手拈来，脱口而出，大增语言的风采。[1] 而且她的教学语言是丰富而有变化的，与学生谈同一个问题，但在不同场合又有些细微的变化。例如，指导学生作文，阐述观察的重要性，如果三番五次总是说，要仔细观察，观察仔细，学生难免产生厌倦感。于漪老师这次指导说："眼睛是通向心灵的窗户。扑入眼帘的东西要看仔细，脑子里转一转，刻下痕迹，切不可浮光掠影，视而不见。"下次说："要看仔细，识得事物独有的特征，要体察入微，辨毫析理；要深入底里，识得神气。"再下次说："反复观察，巨细不漏，细微处尤其看真切；多角度观察，看出层次，看出多种形态；边观察，边联想，使静物'活化'。"然后又说："画家、书法家董其昌曾说绘画、写字要'识得真，看得破'。我们记人，写景，状物，同样要练出好眼力，识得真，看得破。"[2] 同一内容，用不同的语言表述，词汇之丰，积淀之厚，句式变化之多，充分体现了于漪老师教学语言的个性特点。

（七）课后评价的智慧

课后评价的方式多种多样，有作业、测验、考试等，而作业是日常教学中最常用的评价方式，能使教师及时有效地了解和掌握学生的学习效果，得到教学反馈。以下就重点谈谈教师如何运用教学智慧设计课后作业。

---

　[1]　陈小英. 守望杏坛 [M]. 上海：上海教育出版社，2010：32.
　[2]　于漪. 语文的尊严 [M]. 太原：山西教育出版社，2014：340.

课后作业是对学生学习效果的评价，也是教师教学效果的反馈，是评价课堂教学主要的手段和方式，也是课堂教学过程非常重要的组成部分。传统的作业注重学生对课堂所学知识的掌握以及技能的训练，是对学生已有知识技能的评价与反馈，较少关注学生的个性特质、创新思维，而且作业的形式呆板，缺少变化，很难激发学生完成作业的兴趣，大量的机械操练式的作业更是让学生产生了厌做的情绪，大多数学生都是被动地完成作业。因此，教师应运用自身的智慧，突破传统作业的模式，着眼于发展性评价，设计出个性化、趣味性、富有创意的作业。学生能在教师提供的实践型素材的基础上，通过自主探究完成作业，既可以巩固和拓展所学的知识，发展技能，又能够张扬学生个性，培养学生的创新思维。

笔者在美国学习交流期间，曾经听过一堂小说《蝇王》的阅读课，在课前，执教教师慷慨地把他对这部作品教学的整个阅读作业设计赠送给我。该作业采用的是整体设计的思路，针对整部小说一共只设计了 4 项阅读作业，每项作业的分值是 25 分，满分 100 分。他的阅读作业是这样的：

《蝇王》　作业＃1　分值：25 分

扩展定义

第一部分：写一个段落，定义、解释并阐明一个与《蝇王》相关的常用名词的意义。

从下列名词中选择：

邪恶　权力　文明　纯真　现实　民主

你的段落必须包括字典的定义、个人的定义（你如何定义它）和一个否定的定义（这不是什么）。

第二部分：从列出的词语中选择一个，写一首自由体诗。诗的标题就是你选择的那个词语。

第三部分：为你所选择的那个词语创造一个象征义。

《蝇王》 作业♯2 分值：25 分

旅游手册

你的作业是为小说《蝇王》里男孩们被困的那个岛写一个旅游手册，你的手册应该包括下列内容：

1. 鸟瞰岛屿，其中包括小说第 29 页提到的所有地标。每个地标应该带有图例的标记或编号。

2. 岛上可以进行的休闲娱乐活动的清单。

3. 一个介绍岛上突出景点的简短段落。

4. 为你的小岛原创一个名字。

《蝇王》 作业♯3 分值：25 分

象征物收藏集

创建一个描述《蝇王》中出现过的象征物的收藏集。你可以画出或从杂志中剪下象征物。你应该描述 15 个象征物中的 10 个，并且包括每一个象征物的象征意义。下面的列表是给你的参考：

象征物	象征义
1. 海螺	权威，秩序，民主
2. 猪崽的眼镜	_____
3. 山顶之火	_____
4. 无法控制之火	_____
5. 蝇王	_____
6. 面具	_____
7. 野兽	_____
8. 岛	_____
9. 黑暗	_____
10. 山	_____
11. 森林	_____
12. 海滩	_____

13. 死去的飞行员　　　　　　　　＿＿＿＿＿＿＿＿

14. 城堡岩　　　　　　　　　　　＿＿＿＿＿＿＿＿

15. 悬崖绝壁　　　　　　　　　　＿＿＿＿＿＿＿＿

在你的收藏集后为下列人物原创一个象征义。这部小说是寓言，这意味着每一个人物都代表着现实世界中的某个人。

1. 杰克——社会的破坏力。他是残忍和邪恶的。

2. 拉尔夫——＿＿＿＿＿＿＿＿＿＿＿＿＿＿＿＿＿＿＿

3. 猪崽——＿＿＿＿＿＿＿＿＿＿＿＿＿＿＿＿＿＿＿

4. 西蒙——＿＿＿＿＿＿＿＿＿＿＿＿＿＿＿＿＿＿＿

5. 岛上的小男孩们——＿＿＿＿＿＿＿＿＿＿＿＿＿＿＿＿

蝇王　作业＃4　分值：25 分

富有创意的分镜头脚本

为小说《蝇王》创作一个分镜头的脚本，要对原作有所改编。要改变一个情节因素，是一群女生而不是男生被困在这个无人生存的小岛上。这个故事将如何展开？女孩会有着和男孩相似的命运吗？务必标注情节的各部分（说明部分，设置悬念，情节的上升，高潮，情节的下降，结局），图示说明 6个场景，要包括标题。

这是一份充满了智慧的作业设计，令人印象深刻，也给我们带来了深刻的启示。

英国作家威廉·戈尔丁的小说《蝇王》，是美国加州高中 10 年级文学作品阅读的必读篇目。小说讲述的是一群 6—12 岁的男孩因飞机失事被困在一座荒岛上，开始时和睦相处，后来由于内心人性之恶的膨胀而互相残杀，最终导致悲剧性的后果。小说的主题是关于人性之恶，个体权益与集体利益的冲突。小说是一个现代版的寓言，主要采用象征手法，书中的人物、场景、故事、意象等都深具象征意义。这样一部作品是具有一定阅读难度的。

这份阅读作业的设计主要有三个方面的特点。

① 层次性

这份作业体现了阅读能力由低到高的三个层次——理解、感悟、创新，强调对原著的理解和把握，重视学生的自我感悟，激发学生的创新思维。

其一，强调对原著的理解和把握。比如上述这份作业中的第一项第一部分，选择了"邪恶""权力"等一系列和小说主题密切相关的词语，让学生定义、解释，并要求首先列出字典中的定义，因为理解词语在语言环境中的含义，前提是必须理解这个词本身的意义。第二项作业是要求为男孩们被困的那个岛写一个旅游手册，其中还要求对整个岛屿做一个鸟瞰，手册内容要包括小说第 29 页提到的所有地标，而且每个地标都必须有带图例的标记或编号。这项作业实际上是引导学生仔细阅读小说原著，不放过作品中的任何细节，要求甚至细致到提示学生作业内容所在的页码，同时该项作业巧妙地起到了检查学生有没有真正阅读过小说的作用，如果学生没有阅读过原著，这项作业是根本无法完成的。同样，《蝇王》一文象征手法的运用，是作品在表现形式方面最成功之处，阅读作业的设计始终围绕这个核心来展开，如第一项作业的第三部分让学生为自己所选择的词语创造一个象征义，第三项作业更是全部围绕象征手法来设计，要求学生收集和整理作品中的人物和意象，并写出他们的象征义。

其二，重视学生的自我感悟。阅读，尤其是阅读文学作品，是一项个性化的思维活动和情感体验过程，学生在阅读过程中必然有自己的所思、所感、所悟。学生的自我感悟一定程度上也反映了学生的阅读能力和阅读层次，这种感悟从某种意义上说也是一种对原文理解把握程度的反馈，有的学生的自我感悟可能是浅层次的、片面的，有些甚至可能是错误的，因此学生的自我感悟必须建立在准确理解和把握作品的基础之上，"一千个观众的眼中有一千个哈姆雷特"，这固然是不错的，但教师必须首先引导学生准确理解和把握莎士比亚笔下的哈姆雷特，然后才能产生自己眼中的哈姆雷特。从此份作业设计中可以看到，该教师首先是引导学生理解原作，然后才引导学生发表自己的个人见解和感悟，例如：第一项作业先要写出常用名词在字典中的定义，然后再列出自己的定义；第二项作业也是有层次的，同样是先原作后原创；

第三项作业是教师先给学生范例，也就是人们通常对原作中人物与意象的象征义的理解，然后让学生写出自己对这些人物和意象的象征义的理解，并且强调要原创。作业的设计有着非常鲜明的层次感。

其三，激发学生的创新思维。文学阅读过程本身就是一个"再创造"的过程，对作品的个性化理解和独特性感悟其实就是一种创新。但这种创新思维必须有所本，而不是天马行空，胡思乱想，应该建立在对原作准确而深刻的理解基础之上。教师在激发学生阅读过程中的创新思维时，也应该是在充分尊重原作的基础之上，而不能误导学生对于原作的理解和欣赏。因此，在设计这样的作业时，度要拿捏得很准，作业的设计应该能够促使学生更好地理解作品，同时又能体现学生的创意所在。第四项作业的设计就非常精彩——让学生将小说《蝇王》改编成一个分镜头的脚本，而且要求学生改变原作中的一个情节因素，将原作中的男孩改成女孩，同时思考女孩们在同样的环境中会有怎样的经历和命运。小说本身是探讨人性共有的恶，现在让学生改变作品人物的性别后再进行思考，既加深了学生对作品主题的理解，又给了学生充分的想象和创新的空间。

② 趣味性

作业要有趣，要让学生愿意做，乐于做，千篇一律的思考练习枯燥乏味，或者问题的形式多年不变，满纸的术语和套话非但无趣，而且限制了学生的思维，让作业僵化为一种模式——模式化的问题、模式化的答案。作业设计要形式多样，内容有趣，激发起学生的兴趣。比如这份作业，形式就非常富于变化，有让学生从列出的关键词语中选择一个写一首自由体诗，也有让学生为小说里男孩们被困的那个岛写一个旅游手册，甚至让学生创作富有创意的分镜头脚本。这些作业的设计都非常有趣，能调动学生完成作业的积极性，同时注重作业的实用性和应用性，旅游手册都阅读过，电影也都看过，那么你自己能不能创作呢？另外，这样的设计也符合高中学生好动、喜欢张扬个性的心理特点。

③ 探究性

作业设计要让学生能在教师提供的实践型素材的基础上通过自主探究完

成。这份作业的探究性体现在，教师给予了一定层次的铺垫和指导，给予了学生探究问题的方法和思考的角度的指导，比如关于如何去定义、阐释一个关键概念，教师告诉学生必须包括字典的定义、个人的定义（你如何定义它）和一个否定的定义（这不是什么）；在此基础上，教师要求学生为自己所选择的那个词语创造一个象征义，这个作业的要求中就包含了指导——给一个抽象的概念创造一个形象的象征义需要哪些步骤，形象的象征义要基于词语的概念和定义。再如，第三项作业的设计是创建一个描述小说中出现过的象征物的收藏集以及为下列人物原创一个象征义，教师给出了列表让学生参考，并且告诉学生这部小说是个寓言，小说中出现的事物和人物都代表了现实世界中的某种意义或人物。这些作业的设计都是以教师的指导为前提，同时又为学生的自主探究留下了相当大的空间。

总之，作业的设计要体现层次性、趣味性、探究性，不仅能及时掌握和了解学生的学习效果，而且能激发学生学习的兴趣，使其主动高效地完成作业，并且着眼于学生的发展性评价，学生通过自主探究完成作业，既能够巩固和拓展所学的知识，发展技能，又能够张扬个性和培养创新思维。

第四章

··

教学智慧的生成

教学智慧的生成包括内因和外因两个方面，内因包括教师自身的知识与理论，智力思维以及非智力思维因素，而外因则包括学校因素、教师教育与培训等。在这两种因素中，内因是生成教学智慧的主要条件，而外因是生成教学智慧的次要条件。

一、教学智慧生成的内部因素

教学智慧是教师的专业学养、文化修养、理论素养、教学经验、教学能力、人格特质等在教学过程中的综合表现。要在教学中展现智慧，教师应是有丰富知识的人，是注重充实并更新自我知识结构的人；教师也应是具有良好思维习惯、思维品质的人，是一个有思想的人；教师还应是人格高尚、宽厚仁爱，对学生充满爱与关怀的人。

（一）知识与理论因素

"知识是智慧的基础，智慧是知识的升华。或者说，知识是智慧的物化，智慧是知识的迁移，没有知识的积累，便没有智慧的创生。"[1] 有知识不一定有智慧，但智慧一定是建立在拥有丰富知识的基础之上的。教师要形成教学智慧，首先必须具备完善的知识结构。教师的知识结构主要由本体性知识、条件性知识、实践性知识三个方面组成。本体性知识是指教师具有的特定的学科知识，这一类知识是教师顺利进行教学工作的必要条件，是教师知识结构中的核心部分。条件性知识是指教师具有的教育学和心理学知识。条件性知识对本体性知识的传授起到理论支撑作用，这类知识一般是动态的，可以通过系统的学习掌握，但更需要动态性地把握和领会，并在实践中加以发展与加深。实践性知识是指教师教学经验的积累，是指教师在实现教学目的的行为中具有的课堂情景知识以及与之相关的知识。实践性知识只能在教师的

---

[1]　靖国平. 教育的智慧性格：兼论当代知识教育的变革 [M]. 武汉：湖北教育出版社，2004：61.

具体实践中才能获得，而教育实践的情境总是处于不断的变化之中，教师要在实践的过程中不断地进行思考。

教师不能仅凭本体性知识和条件性知识去进行教学活动。通过教学反思，教师可以将理论与实践、思想与行动联系起来，实现条件性知识和实践性知识的融合，从而将学科知识、教学理念、教学经验转化为教学智慧。

1. 专业学养

苏霍姆林斯基在《给教师的建议》一书中说："教师所知道的东西应当比他的课堂上讲的东西多 10 倍，以便能够自如地掌握教材，到了课堂上能从大量的事实中选出最重要的来讲。具备丰富的知识的教师才有可能游刃有余，讲起课来左右逢源，旁征博引，妙趣横生，谈吐不凡，给学生带来智慧的启迪。"丰厚的学科专业知识是生成和提升教学智慧的必要条件。

教师的学科专业知识主要表现在以下几个方面：

第一，学科的基本知识和技能。教师应对学科的基础知识有广泛而准确的理解，熟练掌握本学科的基本概念，相关的技能、技巧，更重要的是要了解这些基本内容背后所蕴含的思想与方法。

第二，本学科与其他学科相关的知识点与联系。教师要基本了解与所教学科相关的知识点及其性质和逻辑关系，学科知识是有交叉的，有些学科知识之间是有着密切的有机联系的，是不可机械割裂的，比如，一位优秀的语文教师不仅应该具有丰富扎实的语言文字功底，还应该具有丰富的历史和哲学知识，同样，一位优秀的物理教师也是离不开丰富的数学知识的。

第三，本学科的基本思想方法与思维方式。教师不仅要教授学科知识，更要教授学科的思想方法与思维方式，所谓"授之以鱼"与"授之以渔"，"鱼"即知识本身，而"渔"即思想方法与思维方式，学生拥有了后者，便能自主地去学习更多的知识。教师能精准把握学科的思想方法与思维方式，那么在教授知识的过程中，也能更深入、更有效地激发学生自主学习知识的兴趣，而不是就事论事，照本宣科。

第四，本学科知识的发展历史与趋势。教师要知其然，还要知其所以然，这样教师才能站在更高的高度，用更广阔的视野去理解、运用、教授相关知识。为什么在人类历史的某一阶段会产生相关的知识？它是在什么基础上产生的？这些知识对社会、历史以及人类生活实践的价值是什么？今后的发展趋势是什么？教师需要了解本学科知识的发展历史和趋势，了解推动其发展的动因。从更长远的角度来说，学生学习这些现成的知识的目的，是以此为基础形成自己的创新意识和创新能力，因此，了解知识内在的发展逻辑是更重要、更有意义的。

教师在学生眼中是"智者"的化身，是无所不知、无所不能的。但教师本身是普通人，知识结构并不是完美的，不可能做到无所不知、有问必答，正因为如此，教师就越要对专业知识的学习保持开放的心态，树立终身学习的理念。尤其是当今的互联网时代，新信息、新知识不断涌现，获得知识和信息的渠道越来越多，而且在获取信息方面师生之间越来越平等，所获取的信息越来越对称，过去靠一本教学资料上课堂的教师必定要被这个时代淘汰，时代对教师的专业知识素养提出了越来越高的要求，这就需要教师在深度上挖掘，在广度上开拓，这样才能在课堂上更有底蕴，更有底气，才能在面对学生时棋高一着。信息时代的课堂教学更要靠教师丰厚的专业学养来支撑，否则教师连讲台都站不住，无法谈站得稳，站得好，教学智慧就更是一种奢谈了。

2. 文化修养

"文化"是人文文化与科技文化各学科的总和。李政道博士说过："科学和人文是一个硬币的两面，而这个硬币就是文化。"所谓"修"，乃吸取、学习，为的是打下知识体系的基础。所谓"养"，是在"修"得的知识基础上的提炼、批判、反思乃至升华。于漪老师说："教师不是万能博士，不可能解答出学生提出的所有问题。知之为知之，不知为不知，不能糊弄学生。但是，无论如何要注意学习，多读点书，增加自己的文化底蕴。"

教师必须具备博大和深厚的文化修养，这也是教师专业能力的重要组成部分。苏霍姆林斯基在《谈谈教师的教育素养》一文中如是说："关于学校教学大纲的知识，对于教师来说，应当只是他的知识视野中的起码常识。只有当教师的知识视野比学校的教学大纲宽广得无可比拟的时候，教师才能成为教育过程的真正能手、艺术家和诗人。"教学技能、教学方法固然是教师的专业能力，但这些仅仅是外层的，真正的内核是教师的文化修养。"为有源头活水来"，教学技能、教学方法是常教常新的"流"，文化修养才是流动不息的"源"，没有博大深厚的文化修养，教学技能和方法也只是无本之木，无源之水。于漪老师说："教师不应该只是学科教师，他首先是文化人。一位教师无论教什么学科，都离不开文化积淀。"教师应该首先是位杂家，不能只限于自己所任教学科的专业知识的学习，对各种学科的知识都要有所涉猎。文科教师相对来说发散性思维较强，可以通过阅读理科方面的书籍来培养自己严密的逻辑思维，了解各项科学理论及技术的发展，尤其对语文教师而言，语言文字是载体，所教授的课文内容丰富多彩，涉及面极广，丰厚的文化修养有助于教师深刻理解教学内容；理科教师也要阅读一些人文性读物，来增加自己的文化积淀，丰富自身的人文修养。

深厚的文化积淀是孕育智慧的土壤，教学的智慧源于教师文化修养的底蕴。文化修养提升最重要的途径在于阅读，苏轼有云："博观而约取，厚积而薄发"，阅读视野的广阔和阅读积淀的深厚，决定了文化修养的底蕴。

3. 理论素养

教师的理论知识包括哲学理论、教育教学理论及管理学和心理学理论。

哲学是理论化、系统化的世界观和方法论，是关于自然界、社会和人类思维及其发展的最一般规律的学问，是人类对于存在的思考与探求有关世界和人的智慧原理的学问。哲学与教育有着密切的关系，美国哲学家、教育家杜威认为，哲学是教育的理论，教育是哲学的实践。因此教师必须具备一定的哲学理论素养，能在教育实践过程中运用哲学知识及哲学思维来审视和处理教育问题，能把理论转化为合理的教学观念和思维方式，不断提升自身的思维水平和解决问题的能力。著名教育哲学家乔治·奈勒说："哲学解放了教师的想象力。同时又指导着他的理智。教师追溯各种教育问题的哲学根源，从而以比较广阔的眼界来看待这些问题。教师通过哲理的仔细考虑，致力于系统地解决人们已经认识清楚并提炼出来的各种重大问题。那些不应用哲学去仔细考虑问题的教育工作者必然是肤浅的，一个肤浅的教育工作者，可能是好的教育工作者，也可能是坏的教育工作者，但是，好也好得有限，而坏则每况愈下。"因此，丰厚的哲学理论素养有助于教师运用哲学反思教学人生，唤醒教学智慧，思考教师角色。

教育教学理论研究教育教学的现象、问题，揭示教育教学的一般规律，研究利用和遵循规律解决教育教学实际问题的方法、策略和技术。它既是一门理论科学，也是一门应用科学。教育教学理论知识有助于指导教学实践，拥有丰富的教学理论知识能帮助教师更加全面、系统、辩证地思考教育教学实践中遇到的实际问题，而没有教育教学理论指导的实践，只能是在低层次上摸索或重复。教育教学理论有助于教师的反思，运用相关的理论进行教育教学反思是教师促进自身成长的必要手段之一。通过教育教学专业理论的学习，教师可以增强研究意识，使其能以研究者的眼光审视、分析和解决自己在教育教学实践中遇到的问题，启发教学思维，更新教学理念，改进教学行为，生成教学智慧。

教师应具备一定的管理学和心理学理论。课堂教学的过程亦是一个课堂管理的过程，有序的课堂秩序是成功教学的保证，因此，一名优秀的教师也是一名优秀的"管理者"，教师管理能力被叶澜先生称为新世纪教师必须具备的三项新能力（交往能力、管理能力、研究能力）之一。

教育教学的对象是学生，教师只有了解学生的心理，才能有效地实施教育教学。因此，教师必须具备一定的心理学理论修养，教师要了解学生心理，观察、了解和把握学生在课堂学习过程中的心理变化，对学生可能出现的问题能做出准确的判断，反之，如果不了解学生的特点，就没有办法根据学生的心理规律进行合理有效的教育与教学。心理学理论修养的欠缺会影响教师处理教育教学问题的科学性，直接影响教育教学的效果。

4. 实践经历

"实践性是教学智慧的基本属性。"教学智慧的形成和表现是离不开具体的教学实践活动的。教学实践是教学智慧生成的环境与载体，离开教学实践就无所谓教学智慧。教学智慧产生于课堂教学实践中，又在教学实践过程中不断地积累、反思、提升，产生更高层次的教学智慧，是一个在教学实践中螺旋式上升的过程。实践经历是教学智慧生成的量的积累，教学智慧是在此基础上产生的质变，没有量的积累，是无法产生质的变化的。

真正的名师是讲台上的名师，他们都有着丰富的教学实践经历，在实践中不断地反思、总结、提升，从而形成自己的教学智慧、教学风格，有的甚至形成独有的系统的教学理论。于漪老师被评为特级教师后，几乎每一堂课都有人听，多者几百人，少者三四十人，她前前后后共上了两千多节公开课，堂堂有人听，她的课博采众长又独具特色，"书声琅琅、情趣浓浓、其乐融融的绿色语文课堂是她毕生所追求的境界"，可以毫不夸张地说，她的几乎每堂课都堪称经典，教学艺术更是出神入化。

于漪老师能够成为一代名师，与她的课堂实践是分不开的，而且两千多节公开课这样独有的经历，是一般教师所不具备的，公开课对一位教师课堂教学的磨炼的价值，本身就要远远高于随堂课，这两千多节公开课中，她为我们留下了很多非常经典的闪耀着教学智慧火花的案例，加之于漪老师又是一位非常善于反思的名师，她基于自己丰富的教学实践经历所撰写的教学案例、教学反思、教学故事又为广大教师提供了一笔非常宝贵的财富，足以使广大教师从中吸取大量的养分。

换一个角度来说，他人的实践经历也是教师教学智慧生成的一个重要来源，教师的实践经验既包括教师经由个人教育教学实践形成的直接经验，也包括从他人教育教学活动中获得的间接经验。许多青年教师可以从富有教学经验的教师的实践经历中获得启发，结合自身的教学实践和个性特点去模仿他人，以他人的经历与经验为基础，通过自身的实践与反思，不断提升自身的理性高度，从而生成自己的教学智慧。这样，从某种程度来说可以缩短自己的成长之路，实现某种意义上的跨越式发展。

他人的教学实践经历还有一个重要来源，就是教师自己的求学经历，教师的教学在某种程度上也会多多少少受到自己老师的影响。在中小学学习期间，总有几位老师的课堂教学给人留下深刻的印象，他们有着鲜明的教学风格和特点，使学生受益匪浅，记忆深刻，这些也会不自觉地影响着学生未来的工作和学习。

总之，一名优秀的教师除了具备扎实的专业知识、理论知识和丰富的实践经历外，还要有将三者整合起来并呈现在课堂教学中的知识。在国外就有教育专家提出了将三者有效结合起来的理论——学科教学知识。

20 世纪 80 年代，舒尔曼教授在美国教育研究协会会刊《教育研究者》上发表的一份研究报告中首次提出了学科教学知识（Pedagogical Content Knowledge，PCK）的概念，将其定义为"教师个人教学经验、教师学科内容知识和教育学的特殊整合"。教师必须拥有所教学科的具体知识——事实、概念、规律、原理等，还应该具有能够将自己拥有的学科知识转化成易于学生理解的表征形式的知识。

学科教学知识与学科知识的区别在于它是为了有效地传授一门学科所必须拥有的知识，而不是知识本身。它是一种有关如何组织、呈现具体内容、问题，并使之适应不同学习者的兴趣和能力的理解，其中包括最有用的呈现知识的形式，最有力的类比、图表、例证、解释和证明，总之就是那些呈现学科知识并对其进行公式化陈述，以使其他人能理解的那些方法。相对其他的知识来说，学科教学知识能够促进有效教学。学科教学知识是教师区别于其他学科专家的根本特征，是教师特有的、作为其专业基础的知识。舒尔曼说："确认教学的知识基础之关键就在于学科知识和教育知识的交互作用，即教师拥有将他知晓的学科知识改造成在教学意义上有力的、能够适应不同层次和背景的学生的能力。"

（二）智力思维因素

1. 敏锐的观察力

观察力就是迅速敏锐地发现事物极不显著却非常重要的细节和特征的知觉能力。教师的观察对象主要有两个方面，一方面是观察自身的课堂教学对象——学生，另一方面是观察他人的课堂。对学生的观察，是为了帮助教师更好地以学生为中心来实施自身的教学，提高课堂教学质量，提升课堂教学效率；观察他人的教学，能使教师从他人的课堂教学中获得启示，反思自身，改进教学，促进成长。

（1）观察学生

教学要以学生为中心，首先要了解学生，研究学生，而观察是了解和研究学生最直接有效的方法与途径，教师通过观察可以了解学生的行为习惯、思维习惯、情绪、心理等，从而使自己的教学更有针对性和有效性。因此观察力是教师必须具备的基本教学能力之一。苏联著名教育家赞可夫说："敏锐的观察力是一个教师最宝贵的品质之一。对一个有观察力的教师来说，学生的欢乐、兴奋、惊奇、疑惑、恐惧、受窘和其他内心活动的最细微的表现，都逃不过他的眼睛。一个教师如果对这些表现熟视无睹，他就很难成为学生的良师益友。"俄国著名教育家乌申斯基说："如果教育者希望从一切方面去教育人，那么就必须从一切方面去了解人。而要了解人，就得善于观察，培养观察力。"观察力也是教师生成和提升教学智慧的必要条件。教师对学生的观察包括对学生的日常观察和课堂教学过程中的观察。

① 教师对学生的日常观察

日常观察是指教师通过观察学生日常的学校生活，学习效果的反馈——作业、考试等，了解和认识学生，从而形成对学生的整体印象。日常观察是一种长期性的观察，因此有助于形成对学生较为客观而完整的认识，而且这种认识相对是真实、可靠和全面的。这种对于学生的认识和了解，可以让教师在进行教学设计时，准确预判，有的放矢，教学目标的设定、教学内容的确定、教学方法的选择更符合学生的特点和需求，因材施教，使教学更有针对性，提高教学的有效性。

教师的教学要与学生产生共鸣，离不开教师对学生的日常观察。教师用敏锐的眼光，通过长期的日常观察才能"对准学生的心弦"，产生共鸣。于漪在《对准学生的心弦》一文中说："苏联教育家苏霍姆林斯基曾说过这样一段精彩的话：'在每个孩子心中最隐秘的一角，都有一根独特的琴弦，拨动它就会发出特有的音响，要使孩子的心同我讲的话发生共鸣，我自身就需要同孩子的心弦对准音调。'确实如此，我这个教师如果不和学生的心弦对准音调，那就是乱弹琴，我说的话、上的课就不可能符合他们的生理、心理需要，就不可能在他们心中引起共鸣。振幅极小，或没有振幅，师生思想感情得不到很好的交流，教学语言的吸引力、感染力也就大大削弱。为了和学生的心弦'对准音调'，我首先在'发现'上下功夫。教师要随时随地开放自己的感官，让学生思想、品德、知识、爱好、生理特征、心理特征、人际关系等各种信息进入自己的脑中，分别储存起来，千万不能闭锁自己的感官。尤其是要锻炼自己的眼力，要有敏锐的目光，要善于发现学生身上的优点、特点、长处，哪怕是思想、言行偏差较多的学生，他们也有成长向上的闪光点，窥见他们心中的那'一角'，肯定，激励，引导，他们对我会报以灿烂的笑容，'笑'的音符也会在我心弦中弹奏。"于老师这段话中的"发现"其实就是指对学生的日常观察。这种观察是长期的、全面的，而且她强调了教师"要随时随地开放自己的感官""要有眼力""要有敏锐的目光"，这三者是提升教师对学生日常观察效果的必要条件。

② 教师对学生的课堂观察

课堂教学过程是动态变化的，这种变化使教师教学的预设和学生的生成不断地趋向平衡一致，教学不是一成不变地将事先的预设机械地强加给学生，而是以学生在课堂中即时的学习需求、学习状态为依据，不断地变化自己的教学策略和方法，甚至调整教学内容。这就需要教师在教学中随时观察学生的学习状况。从这个角度说，对学生的课堂观察是课堂教学智慧生成的必要条件。什么时候需要变化，怎样变化，都需要教师在课堂教学中即时做出判断并加以实施，这些都需要教师的教学智慧。对学生的课堂观察主要表现在以下两个方面：

一是观察课堂的环境氛围。学生是处在一种特定的环境氛围中学习的，环境氛围虽说是个外部条件，但是对学生的情绪和学习状态也会产生不容忽视的影响。以本书第一章"闪耀教学智慧的几个镜头"中的镜头二"十分钟是金"为例，这堂语文课安排在那一天的最后一节，临近放学，学生归心似箭，而且天气阴沉，学生上课的情绪相对来说比较低落，再加之教室里突然停电，如果教师还是继续教授原有的教学内容，那教学效果是可想而知的。而教师敏锐地观察到了外在课堂环境气氛的负面影响，也注意到了学生的情绪变化，因此果断中断了原先的教学内容，而是就地取材，顺水推舟，借题发挥，借着外面阴沉的天气和昏暗的教室，让学生发表感想，上出了精彩的十分钟课。虽然只有十分钟，但是教学效果以及对学生思维的激发，远远超出了通常的十分钟的教学。因此，教师要随时观察课堂的环境氛围，关注学生的情绪随之受到的影响，及时调整教学方法，甚至可以调整教学内容。

二是观察学生的学习反馈。教师的教学效果要通过学生的反馈来评价。在课堂上随时观察学生的学习反馈，可以帮助教师即时了解和反思自身教学中存在的问题。比如，有时面对教师的提问，学生的回答质量都不高，甚至很多学生答非所问，离题万里，此时教师就要及时反思自己的提问质量——问题的指向性如何，问题是否明确，问题的范围是否合适等，有时学生回答的质量不高，问题不在于学生，而恰恰在于教师提问的设置上，如教师的提问指向不明，范围过大，使学生找不到回答问题的切入点。再者，教师要关注全体学生的学习反馈，一个班级总有个别学生接受能力强，思维活跃，这些学生往往更引人注目，发言积极，回答问题质量高，但这不等于全体学生都是如此，有时可能绝大部分学生并没有达到同样的学习效果，教师不能以部分反馈信息来代替全体学生的反馈情况，而使自己对教学效果做出错误的判断。教师要随时随地观察学生在课堂上的各种表情、动作，以判断学生对自己教学的理解和接受程度，看到有些学生产生疑惑的表情或者一些不安的小动作，可以适时地提问这些学生，通过这些学生的回答，来发现自己的教学中存在的问题，适时地加以改进。

（2）观察课堂

在国内，我们把教师之间互相观摩、切磋课堂教学称为听课，而在英美国家则称之为 observe classroom（观察课堂）或者 classroom observation（课堂观察），从某种意义上说，后者的说法更加科学。观察他人的课堂教学不只是听，而是一种有目的、有意识、有计划的教学研究活动。课堂观察就是指观察者带着明确的目的，凭借自身感官（如眼、耳）以及有关辅助工具（如观察表、录音录像设备）、对课堂教学情况进行记录、分析和研究。

观察他人的课堂，教师可以换一个角度，以第三者的角度去关注学生的课堂学习，这样的观察可让教师更为客观地思考改善学生课堂学习效果的方法与策略，进一步提升课堂教学效率。课堂观察不仅观察教师的教，更要观察学生的学，因为教师的教学最终还是要通过学生的学来体现的。其次，教师观察他人课堂，也是在间接地积累自己的教学实践经验，可以通过观察他人课堂，反思自己的教育理念和教学行为，汲取他人的经验，提高教学实践水平，提升教学智慧。有针对性地进行课堂观察是促进教师成长和发展的有效途径。最后，课堂观察能促进教师的共同发展，教师之间通过观察彼此的课堂，能够借鉴他人的成功之处，思考他人存在的问题，交流思想，取长补短，彼此获益。

观察课堂可以是全面观察，也可以选择一个具体的角度或者观察点。全面观察主要包括学生学习——学生的课前预习、课堂听课，师生、生生互动，自主学习等；教师教学——教学环节的安排，教学内容的呈现，课堂的对话与引导，应对突发事件的教学机智等。还可以选择一个具体的方面，重点观察一个具体的点，不是面面俱到，而是重点突破，这个面的选择要结合自身的需要，比如选择自己教学中感到困惑的问题，观察别人在课堂上是怎样处理解决的。

2. 准确的记忆力

记忆力是识记、保持、再认识和重现客观事物所反映的内容和经验的能力。记忆力是人的智力最重要的组成部分之一。由于有了记忆，感知才得以上升到抽象思维的高度，情感和意志才有可能发展，才能形成每个人各自的个性心理特征。西方有句格言叫"记忆是才智之母"，记忆与智慧有着密切的关系，没有记忆就有没有智慧，记忆代表着一个人对过去活动、感受、经验的印象累积，智慧来自对知识和经验的大量积累，智慧是在此基础上的质变，而大量知识和经验的积累是离不开准确的记忆力的。

首先，准确的记忆力是教师教学应具备的基本条件。人类的任何一项实践活动都离不开记忆，而教学是一项实践活动，因此记忆力是教师进行教育教学活动的基本条件。虽然随着科学技术的进步，教师可以通过网络搜索到大量的信息和资料，为备课和课堂教学带来了极大的便利性，但是这并不意味着个人记忆力的重要性降低了，准确的记忆使教师拥有大量的经验和知识储备，它可以提高教师备课的质量与速度，况且通过网络搜索备课资料也不是盲目的，需要教师有目的地去搜索相关的资料，为什么去搜索这些资料，为什么在备课时需要这些资料，也是由教师所记忆的某些内容而引发的，只是可能记忆不够清晰、不够准确了，而需借助网络搜索快捷地找到相应的资料来加以验证。在课堂教学中，准确而敏捷的记忆力还可以使教师熟记教学内容和教学设计，以便流畅地讲述，而不是照本宣科。

其次，准确的记忆力有助于教师应对复杂多变的课堂教学过程。教师应该是博闻强识的，课堂教学中要运用到的专业知识、各种各样的科学文化知识，以及平时通过观察而了解掌握的学生信息，教师都要靠记忆储存在自己的头脑中，才能应对复杂多变的课堂教学。课堂教学中的许多突发事件是无法事先完全预料的，教师要能做出及时的应对，平时所积累的知识和经验是必不可少的，面对学生可能随时提出的各种各样的问题，教师如果不能及时、准确地回答，会给学生造成不良的负面影响，因为在学生的心目中，教师是无所不知、无所不晓的，满足学生的好奇心和求知欲也需要依靠教师强大而准确的记忆力。

总之，教师准确的记忆力——识记的敏捷性、保持的牢固性、回忆的正确性等，是不可缺少的。准确的记忆力是成为优秀教师的必要条件，教师处理教育教学过程中的问题都需要有准确的记忆力作为支撑。

3. 优秀的思维能力

"教师的职业能力包括科学文化知识，所教学科的知识水平；教师的教学能力，即能够把他的学识按照教学计划的要求传授给学生的能力；组织教育活动的能力；教师本身的思想品质等等。其中一个综合能力就是教师的思维能力。虽然教师的思维能力既不是知识，又不是技能，但它却支配着教师的一切行为，是属于更高层次的能力，而且是不可或缺的。"[1]

思维能力是整个智慧的核心，参与、支配着一切智力活动。教师应具备优秀的逻辑思维能力和形象思维能力。

① 逻辑思维能力

逻辑思维是人们在认识事物的过程中借助于概念、判断、推理等思维形式能动地反映客观现实的理性认识过程。它是一种确定的，有条理、有根据的思维。在逻辑思维中，要用到概念、判断、推理等思维形式和比较、分析、综合、抽象、概括等思维方法，而掌握和运用这些思维形式和方法的程度就是逻辑思维能力。教师在教学过程中必须做到概念清晰，判断准确，推理合理，思维方法运用恰当，以使整个课堂教学逻辑严密。同时，教师要通过逻辑严密的教学向学生传授知识，在这一过程中培养学生的逻辑思维。

② 形象思维能力

形象思维是指在感性认识的基础上，通过意象、联想、想象来揭示对象的本质及其规律的思维方式。相较于逻辑思维的理性严密，形象思维更感性，强调发散性的联想和想象。形象思维能力同样是人们重要的思维能力，不仅在文学、艺术等人文学科中，自然科学的学科中也需要形象思维，形象思维是理解高度抽象的概念、理论的有效手段。教师在教学过程中运用类比、举例等方式来讲解某些抽象的概念，就需要较强的形象思维能力，这样才能找

---

[1] 顾明远. 教师思维是属于教师高层次的能力：《教师思维论》序 [J]. 连云港师范高等专科学校学报，1994（4）：3.

到合适的对象，类比合理，举例恰当，以帮助学生理解和掌握。联想、想象能力还是创新的基础。爱因斯坦说："想象力比知识更重要，因为知识是有限的，而想象力概括着世界上的一切并推动着进步，想象才是知识进化的源泉。"

4. 强烈的反思意识

（1）反思的意义

教学反思是教师对自身的教学理念、教学行为、教学过程、教学效果等的回顾和分析，是教师的自我对话和自我学习。于漪老师说："一辈子做教师，一辈子学做教师"，这个"学"字，不仅是指向书本学习，向他人学习，也包括自我学习，而反思正是一种自我学习。反思应该是贯穿于一位教师整个教学生涯的主动行为。一位青年教师从 1976 年开始，随堂跟踪了于老师的 3000 多节语文课。她最深切的感受是，于漪老师从来不重复自己，即使是同一篇课文，教第二、三遍时，也绝对不重复，每节课都是独一无二的。于漪老师不重复自己的秘诀之一，便是上每一节课之前都认真备课。她的备课绝不只是课前钻研教材，了解学生的具体准备，而是贯穿教学生涯全过程的学习、积累、反思、改进。正是因为如此，于漪老师上了一辈子的课，上过许多重复的课，但她总能在重复的课程中找到新的东西，展现独特而多样的风采。由此可见反思对于一位教师形成自己的教学智慧、教学特色以至教学风格的重要意义。

著名教育家叶澜说："一个教师写一辈子教案不一定成为名师，但如果一个教师写三年反思则有可能成为名师。"反思促进教师的成长与发展，在教师成长理论中，美国学者波斯纳提出了一个教师成长的公式：教师的成长＝经验＋反思。"没有反思的经验是狭隘的经验，至多只能形成肤浅的知识。只有经过反思，教师的经验方能上升到一定的高度，并对后继行为产生影响。"苏联著名教育家赞可夫曾经说过："没有个人的思考，没有对自己经验的寻根究底精神，提高教学水平是不可思议的。"而教师的教学智慧正是来自教学实践经验的积累，要将丰富复杂的实践经验内化为自己的教学行为，升华为自己的教学智慧，其中的关键环节就是反思。教学反思是生成和提升教师教学智慧的有效途径。教师一方面总结、提炼、积累自己的优秀教学经验，另一方面反省、思考、探索和解决教学过程中存在的问题，两方面相结合，在教学实践中不断提升教学智慧。

（2）反思的内容

教学反思的基本内容包括教师对自身的教学理念、教学行为和教学效果的反思，反思不能狭义地理解为仅仅是发现教学中存在的问题，也应该是对自身教学经验的积累、总结和提炼。

① 教学行为的反思

教学行为主要是指教师为有效教学而在教学过程中实施的一系列行为。大到教师的教学理念，小至每一堂课的教学目标、教学意图、教学内容，都要通过具体的教学行为来传达给学生。教学行为是课堂教学的核心，是整个教学活动过程的主体部分，也是其中最富于变化的部分，对教学效果产生直接的影响。反思教学行为，不仅有助于改进教学行为本身，也有助于改变教学理念，提高教学效率，改善教学效果。

反思教学行为主要是指教师根据实际的教学效果来反思自己课前备课时教学目标的设定、教学内容的确定是否合理，其次是课堂教学过程中，教学方法的运用是否合理、灵活、有效，能否调动学生积极参与到教学活动中，师生之间能否积极互动，教师能否及时掌握学生的学习状况和应对课堂中的偶发事件，并能在今后的教学中做出适当的调整和改变。

以下以本书前述的上海市市东中学李昂老师《合欢树》一课的教学案例为例。

教师以《合欢树》的导入教学为例，针对同一个教学目标、同一个教学内容、同一个教学环节，进行三次不同的授课，三次反思把学生和学习导向高质量对话互动和高效能学习的教学行为与策略，取得了良好的效果。第一次授课，师生关系和谐而融洽，却没有使学生的思维充分展开，看似也发生了师生互动，但授课模式与传统教学模式并无二致，学生自主学习的作用被弱化，教师主导示范的效应过强，教师还是按照自己的预设去引导学生得出教师所需要的答案，没能起到推动学生学会学习的作用。经过反思，李老师意识到首先需要改进教师教学引导的行为和策略。经过这一反思后，第二次授课，教师对自己引导的行为和策略进行了有效的调整，如在提问之后，提供给学生思考的空间，在学生提出看法之后，追问论据和理由；在学生答问以后，尝试跟踪提问的方法；鼓励学生多角度思考问题、发表不同意见等。从教学效果来看，较第一次授课而言，学生的回答更有条理，思考更有质量，气氛更加积极，对文本的理解更加深入。但是，传统课堂教学中存在的教师提问、学生回答的局面仍未打破，对话和互动局限于班级中的部分优秀学生，还未做到让每名学生都能参与到对问题的独立探索之中，因此应该尝试进一步改进引导的行为和策略，让更多的学生参与到师生互动中。经过第二次反思，第三次授课，教师在适当铺垫的基础上，更多地关注全体学生，并且在师生互动中注重对学生开展阅读技能指导，有意识地对学生做学科方法指导，鼓励学生之间的互动。因此，课的质量和效果又有所提高，学生在课堂上发言的积极性有了明显的提高，而且回答问题的质量更高。

三次反思，教师在师生互动的引导行为和策略上的微调和改进，带来了课堂对话和互动教学质量的提升，也促进了学生的自主学习，提高了教学效率。对教学行为的反思从对教学效果的反思开始，同时促进了教师教学理念的反思与更新。理念指导着行为，又制约了行为，最终的改变还是教学理念的改变。

② 教学理念的反思

教学理念是教师对教学活动持有的基本看法、态度和观念，集中体现了教师对教学活动的认识，是教师从事教学活动的信念。教学理念影响着教学活动，对教师的教学行为不仅有指导的意义，也起着一定的制约作用。教师的教学理念决定着其教学行为，因此对教学理念的反思是首要的、最高层次的一种反思。教师的教学理念不是一成不变的，而是一个动态发展的过程，这个发展过程取决于内外两方面的因素：一方面就是教师对自己原有教学理念的反思，在经过一个阶段的教学实践后，教师会发现有些问题的产生是因为自身教学理念的问题，仅仅在实践层面是无法解决的，因此要在某些方面改变自己的教学理念，然后才能解决一些实际问题，从而提升自己的教学水平；另一方面，随着社会的发展和进步，以及教育教学改革的深入，会不断地产生一些新的、先进的教学理念，教师也要通过不断的学习，用先进的教学理念反思自己的教学实践，指导自己的教学活动，并通过不断实践、思考，形成自己新的教学理念，改变教学行为，生成和提升教学智慧。

"我反躬自省，发现自己教学中存在一个大毛病，那就是'目中无人'。只抱着教材，从教材出发，忽略了对学生的了解和研究。"

"课堂教学中学生完全有发挥自己聪明才智的机遇与空间，遗憾的是往往自己'麻木不仁'，无意中掐掉了机遇，剥夺了空间，让创造意识的萌芽轻易流失。教训要记取，牢记：保护，悉心保护！"

"知人论世，知世论人，是常识问题，教学中我怎么会忘却而丢在一边呢？今日看来，不是教学内容、教学环节处理不当的技巧问题，而是这类植根于现实生活土壤，作者用激情与生命唱的诗文，究竟拿什么来指向学生的心？"

以上这些文字摘录自于漪老师撰写的教学反思。她常说："我上了一辈子课，教了一辈子语文，但还是上了一辈子深感遗憾的课。"这遗憾，正是来自于老师的不断反思，反思是她的习惯，更是她的专业品质。于老师的成功，离不开她的反思，尤其是她对自己教学理念的反思，她经常讲"目中有学生"，我们可以阅读到许多与之有关的教学反思——《目中学生知多少》《学生实际不可忽略》《保护创造意识的萌芽》……她始终关注着学生，她的课始终洋溢着情感，她用强烈的情感去熏陶和感染学生，她被誉为中国语文教育界一代"情感派"大师。

对于教学理念的反思是最高层次的反思。大多数教师的反思更多地还是停留在对自己教学行为的反思层面上，理念指导行为，只有从理念上有所提升，教学行为才会有所改变。教学行为不是简单的教学形式、手段、方法和技能的构成体，而是指教师受自身教学理念的支配，在向学生传授知识技能的过程中表现出来的所有活动。教学行为的改变，根本上还是需要教师的理念有所改变。

（3）反思的基本过程

美国哲学家、教育家杜威提出了"反思性思维"的概念，并认为"反思性思维"有五步：① 觉察到问题的情境；② 界定这一问题；③ 提出假设；④ 进行推理；⑤ 通过行为检验这一假设。

美国著名的反思性实践运动的倡导者肖恩认为，反思的过程是沿着"欣赏——行动——再欣赏"这一过程来展开的，是一个螺旋式上升的过程。一位实践者对自己的行动进行反思时，总是通过价值、知识、理论和实践等所有恢复经验的技能来解释或构成他们的经验，这些技能叫欣赏系统。

科顿和斯巴克斯·兰格是这样描述反思过程的，即：① 教师选择特定的问题，并从可能的领域内，包括课程、学生等方面，广泛地搜集这一方面的资料。② 教师开始分析搜集来的资料，形成广泛问题的一般框架，同时在自己已有的知识中搜寻与当前问题有关的信息。如果搜寻不到类似的信息，教师则可请教其他教师或阅读专业书籍来获取这些信息。这一过程有助于教师形成创造性解决问题的办法。③ 一旦对问题情境形成明确的框架，教师就可以建立各种假设，以解释情境和指导行动，并在内心对行动的短期和长期效果加以考虑。④ 在深思各种行动的效果后，教师就可以开始实施行动计划。当这种行动被观察和分析时，教师就开始了新一轮的反思循环，从而形成有效的反思环。可见，反思从发现问题到解决问题，既是一个思维的过程，又是一个把思维付诸行动的过程。

在日常教学中，教师的反思可由发现问题——搜集信息与分析——提出假设——验证假设几个环节构成。

发现问题。教师反思的起点是问题。在这个环节中，教师要意识到问题的存在和问题的情境，确定反思的内容。问题可以从教师自己的日常教学中寻找，也可从他人的经验中寻找。

搜集信息与分析。采用各种方式，广泛搜集要反思的问题的信息，尤其是关于自己教学活动的信息。在掌握丰富信息的基础上，教师以批判的眼光审视自己的教学思想和教学行为，深刻分析产生这个问题的根源，明确他人解决这个问题的经验与教训。

提出假设。寻找新的思想和新的方法来解决提出的问题，形成解决问题的假设，制定出实施的方案。

验证假设。将解决问题的假设和方案付诸实践，分析实证结果与假设的合理性，并把在验证过程中生成的新问题作为下一轮反思的内容，循环往复，直至问题解决为止。

综上所述，我们不应该仅仅将反思理解为一个思考的过程，从本质上说，反思更是一个实践的过程，是将自己对教学有关问题的思考变成假设后再投入实践来验证的过程，反思的结果最终还是要落实到自己的教学实践中，如果反思只是停留在自己的头脑中而没有到实践中验证，反思的质量也是有限的。

（4）反思的方法

教学反思的形式可以多种多样，教师在教学实践中运用适合自己的反思方法，或及时发现问题，或发现优点，总结经验，对生成教师的教学智慧是大有裨益的。

① 撰写教后记

教后记的形式也是多样的，包括教学案例、教学后记、教学日记、教学随笔等。

教学案例是对教师在教学过程中发生的真实、典型的事件的记录与分析。教学案例的叙述必须围绕一个主题，有较为具体的情节，更重要的是有对此事件的分析与看法，教学反思的价值主要体现在案例的分析部分，分析是围绕案例的主题，在叙述事件的基础上进一步揭示事件给自己的教学带来的思考，以及事件本身对改进自己的教学的意义和价值。

教学后记是某一堂课后对教学过程的回顾与思考，教学日记用于记录自己每天的教学活动，内容包括教学活动实施的效果、影响课堂教学的关键细节等情况以及自身的思考。无论是教学后记还是教学日记，重在记录自己在教学中的得失，尤其是要随时记录下自己的教学机智和教学偶得，在教学中，经常会遇到一些突发事件，如果教师能记录下如何根据学生的情况随机应变、展现机智而收到意想不到的教育效果，或者反思对突发事件处理的失当之处，对于今后的教学无疑是大有好处的。教学偶得是教师在教学过程中临时生成的，是智慧的火花，是灵感的突现，若想将这些教学中突现的无意识转化成将来教学中的有意识，随手记录下来并有所思考是最好的方法。

随笔，通常指一种散文体裁，随手笔录，抒情、叙事或评论不拘，篇幅短小，或指听课、读书时所做的记录。教学随笔就是谈教学思想观点的随笔。随笔，重在一个"随"——"随时""随意"。"随时"，教师在教学过程中常常不自觉地融入了自己的点滴智慧，常常教有所感，也有时是教有所感，倘若能随时记录下，是积累教学经验和提升教学智慧最简单的方法，也是最有效的途径；"随意"，教育随笔篇幅短小，灵活自由，可叙、可议、可感，也无须上升到多高的理论层面，教师只需将自己在教育实践活动后产生的对教学目标、教学设计、教学内容、教学效果等引发的思考、感悟随手记录，有话则长，无话则短，这些平时的点滴积累是引发教师深层次教学反思的最鲜活的第一手素材，有着非常珍贵的反思价值。

② 参与集体教研

教师参与备课组和教研组活动，通过集体备课、听课、评课、专题讨论等形式与同行交流研讨，以此检讨反思自身的教学。个人的教学经历和经验是有限的，有些问题光依靠自身的力量是难以发现和解决的。同行之间的交流有利于教师发现他人的优点，发现自己的不足，引发对自身教学理念、教学行为的进一步反思，教师也可以借助他人的指点、建议、批评来发现自身存在的问题而有所反思。

③ 观看课堂录像

课堂录像再现了整个教学过程，观看自己或他人的课堂录像，可以让教师以旁观者的身份反思自己或他人的教学过程。尤其是站在第三者的角度观看自己的课堂录像，教师可以全方位、立体式地了解自己课堂教学的整个过程，从教学方法的应用、课堂结构的安排、教学语言的组织、学生的课堂反映及教学效果等方面，发现自己不易发现的问题，找到很多自己忽略的细节，从而引发对这类问题和细节的自我反思。

④ 听取学生评价

学生是教学的对象和受众，教师一切的教学都是以学生为中心的，学生对教师教学的评价应该是最直接可靠的，是引发教师教学反思的重要源头。学生评价的形式也是多样的，例如：作业、练习、考试既是对学生学习效果的评价，也是对教师教学效果的评价，教师可以从中发现问题，总结经验，引发反思；教师可以设计一些有关自己课堂教学的调查问卷来听取学生的意见，通过对问卷的分析处理来了解自己教学中值得反思的问题；也可以在一堂课结束后，即时询问学生听课的感受，结合自己上课时的即时感受，发现教学过程中值得反思的问题。

⑤ 课后备课

课前备课是对整个教学过程的预设，而课后备课是指教师上完课后，根据课堂生成及其效果，根据教学中获得的反馈信息进一步修改和完善教案，反思课堂教学应改进的方向和措施。

有人将于漪老师的备课经验归纳为"三个关注，两次反思"。三个关注即关注自己、关注理念、关注学生。两次反思即理念反思和行为反思。于漪上一堂课，要经过三次备课的过程。第一次备课不看任何参考书、资料和教参，全凭自己的理解对教材进行一次整体把握。第二次备课广泛搜集各种参考文献资料，看看名师、教育专家是如何授课和对教材进行分析的，同时思考三个问题：a. 哪些问题参考材料上想到了，我也想到了；b. 哪些问题参考材料上想到了，我没想到；c. 哪些问题参考材料上没有想到，我想到了。第三次备课是在上一个平行班之后，总结经验，进行教学反思之后再备一次课。

5. 自觉的创新意识

在教师的智力因素中，创造力是一种最高级的能力。但是，教师的创造力有其特殊之处，尤其是作为基础教育的教师，创造力并不完全表现在创造发明新的教育理论、教育观点、教学方法上，拥有这样的能力的教师固然有，但是少之又少。教师的创造力主要体现在教师要具有自觉的创新意识，在具体的教学实践中，不断地尝试、总结、反思，不简单地重复自己，不断地突破旧我，形成自我的教学特色，拥有独特的个性化的教育教学能力。

反思是创新的前提，在反思中发现问题，从而解决问题，即使最终没有答案，这个过程也是一种自我学习、自我提升。每一个阶段甚至每一堂课后，仔细地回想一下，自己设定的教学目标达到了没有，自己的教学方法还有什么需要改进的地方，自己的教学设计是否为学生接受，教学效果是否达到了自己的预期目标，然后在下一次同样内容的教学中做出针对性的改进，从某种意义上说，这就是一种创新。很多人认为教师工作枯燥乏味、没有挑战、缺乏创新的原因，就在于基础教育的学科教学内容很大程度上是一成不变的，在相对固定的一个学段内，教师的教学内容是相对固定的。但是，针对同样的教学内容，面对不同的学生，教师可以采取不同的教学策略、教学方法，每一轮教学，可以将自己对上一轮教学的反思，投入新一轮的教学实践中，不断地尝试，不断地改进。将自己反思的结果投入教学实践，然后及时总结，在此基础上再反思，再实践，再总结，这不是一个循环重复的过程，而是一个螺旋式上升的过程，是一个不断创新的过程，在这一过程中教学智慧将会不断地生成与提升。教学中的创新，也许并不那么高深，不重复自己其实也是一种创新。

（三）非智力思维因素

1. 热爱的情感

热爱的情感，是教师生成教学智慧的重要非智力因素。情感属于人的非智力因素，情感的重要作用主要表现在四个方面：情感是人适应生存的心理工具，能激发心理活动和行为的动机，是心理活动的组织者，也是人际通信交流的重要手段。一代师表孔子有云："知之者不如好之者，好之者不如乐之者"，意思是对于任何事情，了解它的人不如喜爱它的人，喜爱它的人不如以它为乐的人。对于任何事情，了解是第一境界，喜爱是第二境界，而能从中感受到乐趣、以之为乐则是最高境界。积极的情感能激发人的兴趣和热情，是促使人不断进步的动力。

热爱自己从事的事业、热爱学生是教师爱的情感的两大核心。俄国大文豪托尔斯泰曾说："如果教师只爱事业，那他会成为一个好教师。如果教师只像父母那样爱学生，那他会比那种通晓书本，但既不爱事业，又不爱学生的教师好。如果教师既爱事业，又爱学生，那他是一个完美的教师。"[1]

① 热爱教育教学事业

教师能站在更高的高度来看待教育教学，便能激发起自己的热情和责任感。教育教学是崇高的事业，而不仅仅是一项职业。教师是太阳底下最崇高的事业，因为从更宏观的角度来说，教师是人类文明的传播者，肩负着人类文明传承的责任。教师的这种责任意识能促使教师真正热爱教育教学。落实到具体的实践中，教师会全身心地投入自己的教育教学工作，真正体会到教书育人的乐趣，这种情感促使教师不断地吸收新的理念和知识，不断地改变自己的教学行为，不断地研究教学方法，不断地提高自己的教学水平，在这一过程中，教学智慧也就自然地生成和提升。

热爱教育事业，是教师事业追求的源源不竭的动力，许多教师正是出于热爱而终生孜孜以求，最终有所成就。于漪老师在《门在何处》一文中说："语文教学的大门究竟在何处？脑子里整天翻腾着这个问题，即使'路漫漫其修远兮'，我也要寻找。不仅要找到门，而且要登堂入室，深味其中的奥秘。"对教育事业的热爱，对语文教学的热爱，让于老师一生都在语文教学之路上跋涉探索，"夙兴夜寐一灯明，寻寻觅觅"，最终她从一位别人口中的语文教学的门外汉而成为一代语文教学的名师和领军人物。

② 热爱学生

爱学生是当教师最必要的条件，没有爱就没有真正的教育。中小学教师面对的学生都是未成年人，他们的成长需要教师投入更多的关爱。爱学生，是进行教育教学工作最大的前提，唯有对学生充满爱心，才能全身心投入自己的教育教学工作，将这种爱转化为具体的教育教学行为，转化为传授给学

---

[1]　苏霍姆林斯基. 把整个心灵献给孩子们 [M]. 天津：天津教育出版社，1981：译序 9.

生的道理与知识，这种积极的爱的情感能使师生之间产生情感的共鸣，激发学生的学习热情，促进师生之间思想、情感、智慧的交融。于漪老师说："在教育实践中，与学生长期相处，真切感受到他们生命的蓬勃和聪明智慧，自己的认识和感情都起了变化，懂得了教育事业是爱的事业，没有爱就没有教育。教育无选择性，只要生长在这块热土上的孩子，都要真心实意、全心全意地爱他们，培养他们。一个学生就是一本丰富的书，一个多彩的世界。学生是活泼泼的生命体，每个人的成长都是独一无二的。要培育他们成长、成人、成才，首先得尊重他们，从思想上、感情上尊重他们的人格，尊重他们的个性。……几十年来，我教过各种类型的学生，面对这些丰富的'书'，我一本一本认真读，一点一点学习、领悟，逐步懂得师爱的真谛，也品尝到亦师亦友的无穷的乐趣。"

教师对学生的热爱，是激发教师不断学习、不断思考、不断创新的不竭动力。苏霍姆林斯基在《把整个心灵献给孩子》一书中写道："孩子们啊！五年来，我拉着你们的手一步一步向前走，我把整个心都给了你们。诚然，这颗心也有过疲倦的时刻。每当它精疲力竭时，孩子们啊，我就尽快到你们身旁来。你们的欢声笑语就给我的心田注入新的力量，你们的张张笑脸使我精神焕发，你们那渴求知识的目光激发我去思考……"在记录下他与 31 名学生朝夕相处 5 年的平凡岁月，留下自己的思索与探究、困惑与感慨后，苏霍姆林斯基写下了这段感人肺腑的文字。正因为他对学生如此深情的爱，才使他从一名普通的小学教师成为一名中学校长，并留下 41 部著作、600 多篇论文的研究成果。他惊人的创造力与敏锐的教育生活观察能力都是基于对学生的爱。[1]

教师对学生的爱应该是真诚的、无私的、公正的。教师不应以自己的个人喜好作为标准，而应以博爱的胸怀关心、爱护每名学生，尊重学生的个性差异，平等相待。于漪老师曾经说过："初当教师时，对两类学生不由自主地十分喜爱。一是反应敏捷、非常聪明的，我讲上句，他下句已能回答，教起

---

[1] 刘徐湘. 论教师教学生活的智慧 [M]. 长沙：湖南教育出版社，2009：87.

来十分省力；二是长得很可爱，像洋娃娃一样。后来才明白，天工造物十分奇妙，人都是两道眉毛、两只眼睛、一个鼻子、一张嘴，在脸上也都是那样排列的，但一个人一个样，即使是孪生兄弟姐妹，也会有点差异。每个学生有他自己的独特性，不要说是长相，他们的禀赋、性格、文化基础、兴趣爱好等均有所不同，因而，必须热爱每一个学生，每个学生的生命都值得尊重，都必须关心。"孩子的内心是敏感的，教师对学生的爱是全心全意，还是三心二意，学生是一目了然的，教师对学生的爱是不应该带有任何偏见的。

2. 积极的情绪

按照普通心理学的定义，情绪是一种主观感受，或者说是一种内心体验，是以人的需要为中介的一种心理活动，它反映的是客观外界事物与主体需要之间的关系。外界事物符合主体的需要，就会引起积极的情绪体验，否则便会引起消极的情绪体验。美国学者阿德曼将社会上的各种职务依其情绪负担程度的高低来进行分类，教师被归为"高情绪劳务工作类"。[1] 情绪有正面的和负面的，正面情绪有利于激发工作的热情和积极性，而负面情绪则反之。且教师的工作对象是人，是学生，学生也有各种各样正面和负面的情绪，师生之间情绪的相互影响，会对教学产生实质的影响。美国心理学家鲍德温研究了73位教师与1000名学生的相互关系后得出结论：一位情绪不稳定的教师容易扰动其学生的情绪，而一位情绪稳定的教师也会使其学生的情绪趋于稳定。贝克斯特的研究发现，在一位能体谅别人的教师的影响下，学生也会表现出体谅的态度。在一位不为常规和个人偏见所约束的教师的影响下，学生也会富于创造性。一位厌倦而失望的教师，他的学生也往往是没有生气和无精打采的。同样，日本的教育家在考察了类似的许多研究后，也得出了这样的结论：教师态度温和这一变量与学生学习成绩之间呈正相关。有智慧的教师不仅要善于管理、调控自我的情绪，而且要善于在教学过程中管理、调控学生的情绪。管理和调控情绪也是一种智慧，美国耶鲁大学的萨洛维和新

---

[1]　郭玉霞. 教学智慧：从平凡到不凡 [M]. 福州：福建教育出版社，2012：1.

罕布什尔大学的玛依尔提出了情绪智力（又称为情感智力、情感智慧或情绪智能）的概念，也就是越来越为众人所熟知的"EQ"（emotional intelligence），它是指"个体监控自己及他人的情绪和情感，并识别、利用这些信息指导自己的思想和行为的能力"。

（1）教师的自我情绪管理

教师的情绪会受到各种因素的影响，包括生活上及工作中的。教师的工作性质导致其尤其容易产生负面情绪，教师需要面对繁重的教学任务、事无巨细的学生管理，还要处理和家长、同事之间的人际关系，但教师要善于管理和调控自我的情绪，使自己成为一个高情绪智力的人。高情绪智力的人有四项特质：

① 能觉察和评估自己和他人的情绪，了解自己或他人处在什么情绪状况，以及情绪的强弱。

② 能管理自己的情绪，在情绪低落时，能自我激励，快速地排除或消化不良的情绪，表现适当的、符合组织需求的情绪。

③ 能运用自己的情绪，将负面情绪引导到正面的方向，或做适度的表达，以维持正向的工作情绪。

④ 能区分工作情绪与个人情绪。[1]

情绪是可以管理和控制的，教师作为高情绪工作者，同时应该成为高情绪智力者，教师应该具有情绪智慧。

（2）课堂教学过程中的情绪管理和调控

在课堂教学中师生双方都有各自的情绪状态，教师不仅要根据课堂教学的实际状况管理和调控自身的情绪，还要尽力将学生的情绪状态调控到积极、正面的方向，美国教育学家布卢姆说过："一个带着积极情感学习课程的学生，应该比那些缺乏热情、乐趣或兴趣的学生，或者比那些对学习材料感到

[1] 郭玉霞. 教学智慧：从平凡到不凡 [M]. 福州：福建教育出版社，2012：6.

焦虑和恐惧的学生，学习得更加轻松、更加迅速。"教师在课堂上以积极乐观的情绪进行教学，同时引导学生带着同样的情绪来学习，以达到教师乐教和学生乐学的目的，在友好和谐的课堂氛围中，学生心情愉快，精神舒畅，反应灵敏，容易形成师生之间的思想交流，激起感情共鸣，二者合理互动，良性循环，从而大大提高教学效果。因此，课堂教学过程中的情绪管理和调控是教学活动得以顺利开展的基础，管理和调整师生彼此之间的情绪也是具有教学智慧的教师不可忽视并且要贯彻始终的教学行为。

在课堂教学中，教师的情绪会随着教学过程的展开而受到各种各样的负面干扰，教师要排除这些干扰，使自己的情绪能够尽量保持在一个平和稳定的状态下，并且能尽力将自己的情绪导向积极乐观的方向，使自己教学热情高涨，以此来感染学生的情绪。

教师的情绪受到干扰的主要因素还是学生的学习状态和情绪。在有些课堂上，我们会看到一些教师和学生的情绪陷入恶性循环的情况，教师提问后，不断地启发学生，但学生就是启而不发，无法达到教师的期望，而教师并没有及时调整情绪，越来越紧张，不断地重复同样的问题，而对学生的回答因为紧张与急躁情绪的影响不能做出及时的分析及适当的引导，学生在此情况下也会变得越来越茫然，自身情绪受到教师负面情绪的影响，整个课堂气氛陷入一种尴尬的胶着中。因此，当学生不能达到自己预设的目标时，教师应该不急不躁，立刻做出有效的反思与调整，可以适当地放慢教学节奏，停一停，缓一缓，改变一下教学方法，尽力克制自己的急躁情绪，而不要轻易地去怪罪和批评学生，避免让彼此的情绪更向负面恶化。

另一方面，教师也要能够调控和管理学生的情绪。要有效管理和调控学生的情绪，首先就要学会观察，能够通过观察学生的行为、表情以及课堂气氛，对学生的情绪状态做出有效的预判。当学生的情绪状态较为消极低落时，能够适时地采取一些方法和手段进行刺激与调控，本书前文所述的"十分钟是金"即是一个很好的案例，当教师意识到学生情绪低落，对自己的教学内容没有兴趣时，甚至可以中断自己原先预设的教学内容，通过改变教学内容来适应彼时彼刻的学生的情绪心理，重新激发学生的学习兴趣，尽力地让学生自己活动起来。有时，教师也可以用幽默风趣的语言说两句闲话，讲一段故事，开一个玩笑，以调节课堂气氛；或者是改变一下学生的活动方式，不要让学生一直听讲，可以让学生朗读一段文字或者做一道有趣的题目等。而当学生的情绪处于比较亢奋的状态下时，教师也要进行适当的干预，以免课堂教学出现混乱，学生有时一旦活动起来、讨论起来，思维往往会失去焦点，容易发散出去，进行适当的调整可以使课堂回归正常的教学秩序。

3. 良好的意志品质

《心理学大辞典》中认为："意志是个体自觉地确定目的，并根据目的调节支配自身的行动，克服困难，实现预定目标的心理过程。"意志作为一种非智力因素，是影响事业成功的重要心理因素之一。构成意志力的稳定的因素称为意志品质，良好的意志品质会促进一个人认识能力的发展，可以增强人们控制和克服各种消极情绪对人的干扰的能力，使情绪服从于理智的认识。

良好的意志品质可以使教师的智慧得到充分的展示和提高。教育教学工作是一个师生之间双向活动的过程，处于不断的动态变化之中，很多因素是教师无法掌控的，会出现许多意想不到的困难，教师如果具备良好的意志品质，就能在克服困难和解决问题的过程中，充分挖掘自己的潜能，生成和提升自己的智慧。

意志品质具有自觉性、果断性、坚韧性和自制力等特点。

意志品质的自觉性，是指教师为了实现自己的目标，积极、主动、自觉地采取各种行动，不受各种内部及外部因素的干扰，从而克服各种困难，实现目标。这种自觉性是教师主观能动性的表现，在采取各种行动以实现目标的过程中，教师的各种尝试、各种改变，都可能生成和提升教学智慧。比如在教学过程中，某一个知识点学生难以掌握，学习效果不佳，为帮助学生掌握这一难点，达成自己的教学目标，教师主动地改变教学策略，尝试不同的教学方法，从而找到解决问题的最佳途径和方法，这个途径和方法中就包含了教师的教学智慧。

意志品质的果断性，是指教师面对复杂的教学情境，面对课堂教学中的突发事件时，进行迅速果断的处理，使教学活动顺利进行并收到预期甚至超出预期的效果。如教师在教学过程中发现自己的预设与学生的生成之间产生较大的差异，预设的教学目标、确定的教学内容、选择的教学方法都难以和学生的课堂学习情况相匹配，就要迅速果断地做出调整，以达成自己预设的目标；或者在面对课堂教学中偶然的突发事件时，如果能够抓住时机，果断应对，甚至可能出现意想不到的教学效果。于漪老师曾经写过一篇题为《爱的奉献》的教学反思，反思自己未能及时抓住学生突然提出的高质量问题，丧失了深入品味语言内涵的教育良机。文中写到她在执教都德的《最后一课》时，一名学生突然站起来说："这个情景很感人。为什么韩麦尔在这一课上说：'法国语言是世界上最美的语言——最明白，最精确'？我想不通，我们的语言才是最美的，字和画一样……"于老师表扬了这位学生的看法，并说明韩麦尔为什么这样说在前面已做了讨论，课后再个别交换意见。事后回想起来，她觉得自己三言两语就把学生的问题打发了，没有将其生发开来，引导学生思考、讨论，心中想的只是预设的教学内容，只想到如何激发学生畅所欲言，而对课堂中生成的教学资源缺乏敏感，缺乏处理突发问题的游刃有余的能力，她认为学生的有些问题确实是可贵的教学资源，这些问题是学生在高度兴奋的状态下提出来的，具有一定的深度和难度，但又不是显露的，而是较深层次的。这就需要教师头脑冷静，判断正确，不失时机地将之融入自己的课堂教学中，尊重学生的意愿，鼓励学生的创意。她说："通常情况下，我们往往重技巧，忽略感知的敏锐性、思维的灵活性和意志的果断性。"的确，果断地处理课堂的突发事件，需要教师的教学智慧，同时，处理事件的过程或者事后的反思，也是生成和提升教师教学智慧的良机。

意志品质的坚韧性是指顽强地克服各种困难的品质。教师在教学中会遇到各种各样的困难，小到教学中遇到的各种难题，大到职业生涯中遇到的低潮期、职业发展的瓶颈或者发展的高原期，这都需要教师有坚韧的意志品质去克服，去突破，需要有一种不达目的不罢休的百折不挠的精神。而在解决问题、突破自我的过程中，智慧就自然而然地产生了，要解决重大问题、突破阶段性的困难，坚韧的品质是前提，而教学智慧是必要条件，没有对问题的反思和总结，没有另辟蹊径的创新，是很难有所突破的。于漪老师在《挫折也是一种财富》一文中写道："……一辈子碰到的挫折不胜枚举。关键在自己要有信心，要有胸怀，要有坚强的意志和锲而不舍的奋斗精神。有了挫折，跨越过去，就会增长见识，增添智慧，告别脆弱，奋然前行。"的确，有许多教师在自己的教学生涯中遇到过各种各样的困难和挫折，但他们凭借自己的坚韧意志，跨越艰难坎坷，最终有所成就。

自制力也是意志品质一个非常重要的方面。苏联著名的教育家马卡连柯指出："坚强的意志，这不但是想什么就获得什么的那种本事，也是迫使自己在必要时放弃什么的那种本事。……没有制动器就不可能有汽车，而没有克制也就不可能有任何意志。不能抑制自己的人，就是一台被损坏了的机器。"自制力是教师不可缺少的心理品质，也是衡量其智慧的标准。

自制力具体表现为教师要能够克制自我，自觉、灵活地控制自己的情绪，约束自己的言行，调整自己的心态。人不可能没有负面的情绪，在生活和工作中都会遇到种种的不如意，但是教师不能带着这种负面情绪来面对学生，必须要有所克制。在课堂教学中，教师更是要懂得克制，遇到问题时，要保持冷静，调整心态，控制情绪。有一位教师的公开课在本校试教时非常成功，学生思维活跃，表现积极，教师的预设与生成达成度很高。而在正式开课时，是到另一所学校借班上课，课堂效果非常差，而且整堂课给人的感觉就像是在完成任务，很多预设的问题没有经过充分的讨论，教师就代替学生回答，草草收场。事后，这位教师在反思这节课时，感觉到最大的问题就是没有能克制住自己的急躁，上课时情绪产生了巨大的波动，因为上课伊始，针对一连串预设的问题，学生的回答离教师的期望相差极远，尽管教师一再启发，学生还是不能回答到点子上，教师的内心已经产生了放弃这堂课的念头，后面的教学环节只是匆匆了事，课堂效果也就可想而知了。懂得克制自我，调整心态，是一种情感智慧，在课堂教学中尤其重要，面对一个动态变化的课堂，各种因素都会影响教师的情绪和心态，教师首先要懂得自制，其次才能有所调整和改变。

二、教学智慧生成的外部因素

（一）学校因素

学校是教师学习和工作的具体环境，也是教育行政管理的最基层单位，学校对教师的管理和评价是影响教师教学智慧生成的重要外部因素之一。

首先，学校对教师的评价标准会促进或抑制教师教学智慧的生成。评价教师的教学是非常困难的一件事，如何对教师的教学进行全面和客观的评价，是需要科学的评价标准的。简单地以学生的学业成绩表现作为唯一的评价标准，并不能全面客观地反映教师的教学。这种评价标准看起来最直观，似乎是科学有效的，然而，学生的学业成绩固然与教师的教学有一定的联系，影响它的因素也有很多，比如学生原先的学业基础、学生的学习态度。教和学是教学的两端，教师的教不一定能从学生的学当中完全反映出来，因此把考试成绩作为唯一的评价标准，就会导致教师为考试而教学，考什么教什么，课堂上大量的时间也会花费在机械操练和反复记忆上，教师研究的是试卷，而不是教材，教授的是应试技巧和能力，而不是真正的学习能力，教学智慧便无从谈起了。这样，从最终的结果去评价整个教学过程显然是不全面、不科学的。因此，学校对教师的评价，可以从各个角度、各个方面来制定评价标准，比如可以从学生的角度设计调查问卷，因为学生是教师的教学对象，从某种角度说，是教师课堂教学最全面的观察者，是最有发言权的，可以了解到教师从课前备课一直到课后评价整个课堂教学的基本情况，有利于对教师做出较为客观和全面的评价，也有利于教师从学的角度来了解自己的教学，从而改进自己的教学；学校对教师的评价也可以是同行评价，学校可以组织听课、观课、评课活动，教研组或备课组之间的教师互相听课、评课，一方面评价他人的教学，一方面反思自己的教学，通过对其他教师课堂教学的观察与评价，积累更多的教学经验，促使教师从多角度理性地看待自己的教学，从而促进教学智慧的生成与提升。由此，我们也应该看到，学校管理中备课组、教研组的建设是非常重要的，每位教师都是教研群体中的一员，除了上述同行评价的因素有助于教师的成长和提升外，教师群体心理也影响着教师教学智慧的生成与提升。教师作为群体中的一员，当教师群体对教育教学工作具有一种积极向上的态度，多数教师孜孜不倦地致力于教育教学水平的提升时，客观上会促进教师主动思考如何提升自身的教育教学水平，并将思考的内容与结果体现在自己的教学设计与实施中，从而丰富与提升个人的教学智慧。[1]

对教师教学评价的另一个倾向是重教学科研，轻教学实践。教师的科研是重要的，它能促进教师主动学习教学理论，更新教学理念，及时有效地总结和反思自己的教学，并能以文字或其他形式较为系统地反映出来。但教师作为教学实践者，教学科研有其特殊之处，教师的科研不是为科研而科研，教师的科研应该是为了解决自己在教学实践中发现的问题，最终目的还是为了提高自己的教学实践水平。因为对教师教学过程的评价实在是一件非常困难的事情，定量或者定性评价都很难客观全面地进行评价，所以在教师的职称晋升中就有了教学科研这一评价标准，而且这一标准的要求越来越高，这也带来的一定的负面效应，主要表现在教学科研脱离实践，教学科研功利化，这样的科研是无助于教师教学实践水平的提升的。

其次，学校应该为教师提供更多的时间与空间。教师教学智慧生成的很多主观和内在因素都需要一定的时间和空间才能得以实现。比如，教师需要阅读，需要反思，这是生成教学智慧最基本的因素和条件，但繁忙的教学工作压缩了教师应有的阅读时间和空间。教师不是不愿意阅读，不愿意反思，大多数教师对自己的教学还是有所追求，是渴望提升自己的教学水平的。教师一天只有几堂课的教学任务，其余的时间和空间似乎都属于教师，但教学工作又是琐碎的，这些时间和空间被大量的琐事占据，加之备课、批改作业、教育学生等，属于教师自己的时间和空间实际上是非常有限的，即使是这样

---

[1] 杨爱君. 教师教学智慧生成再探讨 [J]. 教育评论，2012（2）：65。

有限的时空，还要被检查、汇报、总结以及一些额外的社会活动所占据，虽说时间是挤出来的，但是真正属于教师的时空真是很难挤出。为教师提供更多的时间和空间，是学校管理中人文关怀的具体表现，必要的人文关怀也是有助于教师教学智慧的生成和提升的。

（二）教师教育与培训

教师的专业知识和教育教学理论等，除了依靠教师自身的学习之外，另外一个重要来源就是教师的教育与培训。一位教师的教学生涯可能长达三十年左右，这是教学经验逐渐积累和丰富的过程，但是另一方面，社会在不断进步，会出现各种各样新的知识、新的理论、新的教学理念等，因此教师的知识结构也在不断地老化，这就需要新的教育与培训来不断更新教师的教学理念和知识结构，帮助教师解决教学实践中遇到的问题，这也是教师教学智慧生成的一个重要外部因素。职前教育和职后培训是不同的，职前教育是使一般人能够掌握相关的专业知识和教学理论，去胜任教师这一工作；职后培训更是一种更新与提升，教师已经拥有了一定的教学实践经历和经验，在教学中已经产生了一些困难、问题和困惑，职后培训应该将重点落实到提升教师教学实践能力上。

参 考 文 献

[1] 叶澜. 教师角色与教师发展新探 ［M］. 北京：教育科学出版社，2001.

[2] 刘徐湘. 论教师教学生活的智慧 ［M］. 长沙：湖南教育出版社，2009.

[3] 郭玉霞. 教学智慧：从平凡到不凡 ［M］. 福州：福建教育出版社，2012.

[4] 于漪. 于漪新世纪教育论丛：反思 ［M］. 南宁：广西教育出版社，2008.

[5] 于漪. 于漪新世纪教育论丛：凝望 ［M］. 南宁：广西教育出版社，2008.

[6] 于漪. 于漪新世纪教育论丛：呐喊 ［M］. 南宁：广西教育出版社，2008.

[7] 于漪. 于漪新世纪教育论丛：超越 ［M］. 南宁：广西教育出版社，2008.

[8] 于漪. 于漪新世纪教育论丛：坚守 ［M］. 南宁：广西教育出版社，2008.

[9] 于漪. 于漪新世纪教育论丛：启智 ［M］. 南宁：广西教育出版社，2008.

[10] 于漪. 语文的尊严 ［M］. 太原：山西教育出版社，2014.

[11] 于漪. 教育的姿态 ［M］. 太原：山西教育出版社，2014.

［12］陈小英. 守望杏坛［M］. 上海：上海教育出版社，2010.

［13］刘磊. 论语文教师的课堂智慧［D］. 长沙：湖南师范大学，2011.

［14］晁红侠. 教师课堂教学实践智慧之生成要素研究［D］. 上海：华东师范大学，2010.

［15］许诺. 教学智慧的个性化生成：语文特级教师专业发展的比较研究［D］. 无锡：江南大学，2009.

［16］郜玉艳. 教师教学实践智慧的内涵与特征［J］. 教育前沿，2012.

［17］田慧生. 时代呼唤教育智慧及智慧型教师［J］. 教育研究，2005（2）.

［18］杨爱君. 教师教学智慧生成再探讨［J］. 教育评论，2012（2）.

［19］杜萍，田慧生. 论教学智慧的内涵、特征与生成要素［J］. 教育研究，2007（6）.

［20］王鉴. 教学智慧：内涵、特点与类型［J］. 课程·教材·教法，2006（6）.

［21］金心红. 教学智慧：过去与未来［J］. 现代教育科学·普教研究，2012（2）.

后　记

　　经过几个月的努力，这本《教师教学智慧的展现》终于写下了最后一个句号。这几个月是辛苦的甚至是痛苦的，但是自己痛并快乐着。因为写作的过程正是自己回忆的过程、学习的过程、反思的过程，更是一个提升的过程。

　　一线教师的教学工作是繁忙的，忙到已经把思考和阅读抛弃在一边，教学中的很多问题还是靠着自己的经验、靠着自己的感觉去解决。作为一线教师，自己有着较为丰富的实践经验，缺乏的是理论素养。借着写作本书的过程，我阅读书籍，学习理论，深感理论是指导实践的指南，没有理论指导的实践，只能永远在低水平上徘徊而无法突破。通过写作，我梳理了略显凌乱的头脑，很多平时在实践中的困惑和疑难，慢慢地找到了答案。自己的心安静了下来，忙于教学的同时，能有一段时间让自己静心思考，这是多么难得的机会。

　　从拟列提纲到阅读书籍、查找资料，继而到具体落笔写作，我仿佛经历了一场思想的旅行。我就是照着这本书的目录开始了一站一站的回忆与思考，由理论到实践，再到反思，自己的内心因这场旅行而经历一次洗礼。我遗憾，很多自己教学中曾经有过的闪光点，因为自己平时的疏于记录都已经遗忘了；我庆幸，那么多名师的教学智慧，重新点燃起我头脑中思想的火花。我看到了那么多名师在教学之路上孜孜以求，硕果累累，这对于我来讲是多大的一个精神宝库！写作本书时，我仿佛是阿里巴巴，站在宝库的门前，说了声"芝麻开门"，我的眼前顿时出现了这一切，这让我兴奋，因为我知道，我今后在教学实践中碰到难题和疑惑时，可以到这里来寻觅答案。

　　作为一线教师，我庆幸有这样一个机会来写作，虽然我自感水平有限，但我把它视为对自己 20 多年来语文教学实践的一次总结与反思的机会，我珍惜这次机会。曾经在自己从教的第 15 个年头时，对自己有一个评价，"善于反思，不善动笔"。这本书的写作为我今后的教学生涯也指明了一个方向——乐于反思，更要勤于动笔。时间是挤出来的，可以利用点滴的时间，记录下自己教学中的灵感、困惑、思考，自己时时拿来阅读，这就是自己教学生活的成长史，这件事情以前错过了，以后不可再错过。由于自己的水平有限，书中肯定会有错误和不足之处，拿出来给大家检验，心虚但谦虚，诚恳接受大家的批评指正。

　　"梦里寻他千百度，那人却在灯火阑珊处"，回首这几个月，我感觉自己在不知不觉中有点进步了，我很快乐。